엄마를 위한
그림책 인문학

육아, 관계, 나다움에 대한 21가지 깨달음

엄마를 위한
그림책 인문학

남궁기순 지음

유노
라이프

들어가며

그림책으로 엄마의 일상을 재발견하는 기쁨

  우리는 살면서 수많은 책을 만납니다. 같은 책을 읽더라도 마주하게 되는 사유는 읽는 이의 삶과 경험에 따라 다르지요. 나이의 연륜과는 상관없이 사고의 깊이에 따라 책에서 얻는 생각은 다양합니다. 수많은 인문학적 사유를 하기에 좋은 책이 많은데, 그림책도 그 역할을 가능하게 하는 책 중 하나입니다. 어린아이의 눈높이에서 만들어진 그림책은 우리에게 가장 원초적이면서 본질적인 질문을 던지기 때문입니다.

  아이를 키우는 부모라면, 그림책을 더 접하기도 쉽고 아이와 함께 읽으며 부모도, 아이도 성장하는 시간을 가질 수 있으니 일석이조가 아닐까 싶습니다.

일상의 발견을
아이와 함께

저에게 사유의 즐거움을 알려 준 그림책은 오사다 히로시의 《첫 번째 질문》입니다. 이 책을 보면서 오늘 하루를 어떻게 살았는지 근본적인 '물음'를 하게 했습니다. 한 장씩 페이지를 넘길 때마다 그림책이 던지는 질문은 저를 깊은 성찰의 길로 이끌었지요. 종국에는 바쁜 일상에서 사유를 사수해야 하는 이유를 가르쳐 주었지요. 한 번도 생각한 적 없는 물음을 통해 하루를 감사하게 만든 책이었습니다.

그림책을 읽는 즐거움을 알지 못하던 시기에도 아이만큼은 그림책을 가까이하며 성장하게 했습니다. 그림책에는 아이가 좋아하는 그림과 이야기가 있으니까요. 매일 침대 맡에서 아이에게 책을 읽어 주던 습관이 책에 몰입하는 아이로 자라게 했습니다. 아이는 새로운 그림책을 사 오면 한자리에서 오래도록 앉아 읽곤 했지요. 아이와 그림책을 함께 읽을 때면 제 마음도 편안했습니다.

아이가 겉표지가 떨어질 정도로 보던 그림책은 제즈 앨버로우의 《안아 줘!》입니다. 책에는 "안아 줘", "안았네"라는 글이 전부임에도 아이는 이 단순한 그림책을 제일 좋아했지요. 아이는 글씨를 몰랐지만 그림을 통해 "안아 줘"를 이해하고 저에게 늘 안겼습니다. 아이도, 저도 따뜻함을 느낄 수 있는 시간이었지요. 그때마다 서툴고 부족했던 엄마의 역할을 위로받는 기분이었습니다.

그림책이 주는
생각의 깊이

　우리는 그림책 속에서 무엇을 발견할 수 있을까요? 그림책에는 '글'과 '그림'이라는 두 가지 표현 도구가 있지요. 특히 그림은 글의 의미를 전달하는 보조적인 역할과 동시에 설명적 역할을 합니다. 글을 모르는 아이도 그림만 보고도 책의 세계로 빠져들 수 있으니 아이들이 좋아하지요. 어른도 마찬가지로 글에서 이해되지 않는 감흥이 그림에서 이뤄지기도 합니다. 글을 함축적으로 설명하는 그림은 보는 이에게 반성적 사고와 정서적 성숙을 영글게 하기 때문이지요.

　그림책은 아이의 시선으로 세상을 보여 주며 우리에게 질문을 던집니다. 읽다 보면 마음이 순화되고, 치유되며, 나를 발견하는 데 도움을 받습니다. 아이를 키우는 엄마라면 그림책이 아이만 보는 책이라는 편견을 버려야 합니다. 그림책은 우리를 동심의 세계로 안내하며 마음의 창을 열고, 넓은 시각으로 새로운 일상을 보게 할 겁니다.

　아이들은 자신의 마음을 알아주는 그림책을 좋아할 수밖에 없습니다. 그림책에는 아이의 감정, 행동, 마음이 숨겨져 있으니까요. 우리는 내 아이의 성장을 그림책을 통해 확인하고 이해할 수 있습니다. 그런 의미에서 아이를 이해하고 부모가 되는 법을 생각해 보는 가장 효과적인 인문학이 아닐까 싶습니다. 인문학은 어려운 학문이 아니라, 사람이 지닌 가치가 무엇인지 깨닫게 하는 수단이니까요.

그림책을 제대로 읽으면 아이에 대한 깊은 '통찰'이 생깁니다. 아이의 마음을 몰라 육아가 어려울 때, 그림책으로 아이의 세계를 발견하면서 넓은 시선으로 부모의 가치를 깨닫는 건 어떨까요? 저는 그림책으로 많은 부모와 아이를 만나 보면서 그림책 한 권에서 저마다 자신에게 필요한 삶의 가치를 찾는 모습을 많이 접했습니다.

책이 각양각색의 가치관을 형성하고 반성과 성찰로 인간을 성장하게 하듯이 그림책 또한 그럴 수 있음이 얼마나 감사한 일인지 모릅니다. 그림책은 아이와 어른, 두 존재가 동시에 향유할 수 있는 책인 동시에 세대에 맞게 사유할 수 있는 훌륭한 매체라고 생각합니다.

아이의 시선으로
세상을 바라보다

그림책을 읽으면 왜 좋은지 이야기를 좀 더 해 볼까요? 앞서 그림과 글을 동시에 음미할 수 있으며, 제대로 읽으면 아이뿐 아니라 어른도 생각의 깊이를 확장하게 한다고 했지요. 그래서인지 그림책은 읽는 사람에 따라 글에 관심을 두기도 하고, 그림에 관심을 두기도 합니다. 글이든 그림이든 그림책은 독자의 시선, 해석에 오롯이 맡겨지는 책입니다. 그림과 글, 두 사이를 자유롭게 오가며 생각할 수 있으니 얼마나 열려 있는 책인지요.

무엇보다 그림책은 현실이 전부가 아닌 세상 속에서, 자유롭게 상상하다 보면 자연스레 상처를 '치유'하는 힘이 있습니다. 상상하기 좋아하는 아이들에게는 상상하면서 자신의 마음을 이해받는 역할을, 현실에서 복잡한 고민을 싸매고 있는 어른들에게는 단순한 해답을 주지요.

아이나 어른이나 일상에서 생채기 난 마음도 그림책을 읽다 보면 어느 순간, 마음을 위로받는 순간을 만납니다. 그림책의 매력은 이 밖에도 무궁무진합니다.

이러한 그림책에 대한 이야기를 책으로 엮어 낼 수 있음에 기쁜 마음입니다. 제가 선별한 총 21권의 그림책 이야기는 4가지 주제로 나뉘어져 있습니다. 부모로서 탐구해야 할 아이라는 세계, 아이를 키우는 부모가 생각해야 할 사유, 육아 현장에서 부모가 치유하고 나아가야 할 것들, 부모의 성장을 위한 지혜로운 통찰로 구성되었습니다.

이 책에 소개된 그림책으로 생각하는 즐거움을 느껴 보고, 아이와 함께 그림책을 다시 읽으며 깨달은 걸 나눠 보기를 권합니다. 각 주제에 맞게 스스로에게 질문해 보고 생각해 볼 수 있도록 각 질문 5개씩 총 105개를 구성했습니다. 아이와 추가 활동을 하실 때는 아이용으로 쉽게 질문을 바꿔서 활용해도 좋습니다.

또 그림책 이야기 뒤에 더 읽으면 좋을 21권의 도서를 이어서 추천했으니, 충만한 독후 활동을 하길 바랍니다.

부모와 아이가 함께
성장하는 시간

인문학적 사고란 질문과 대답을 통해 삶을 재점검하고, 삶의 방향을 균형 있게 조절하는 거라 생각합니다. 그렇게 하다 보면 일상을 편안하게 대하게 되겠지요.

그림책 속에는 아이뿐 아니라 부모에게 주는 인생의 깨달음이 담겨 있습니다. 어떤 부모로 살아갈지 생각하고 결심하게 되는 계기를 마련해 볼 수도 있고요. 아이들에게 알려 주고 싶은 인생의 교훈도 찾을 수 있지요. 상처받고 위안이 필요한 어른에게 따뜻한 선물 같은 이야기도 있습니다.

아이를 깊이 이해하고 부모됨의 길을 찾는 과정에 그림책 인문학이 길이 되기를 바랍니다. 그림책을 읽으며 성장과 균형 있는 삶을 세워 나가는데 도움을 얻고, 부모의 인생을 바꾸는 소중한 시간이 되었으면 좋겠습니다.

그림책 연구가

남궁기순

차례

들어가며 그림책으로 엄마의 일상을 재발견하는 기쁨 · 004

1장 탐구
: 아이와 나를 발견하는 그림책

1. **아이라는 존재의 탄생_《너는 기적이야》** · 016
   오늘의 그림책 인문학_ 탄생 · 025
   더 읽으면 좋은 책_《똑똑한 아이를 둔 부모들의 7가지 습관》 · 026

2. **나는 누구인가, 아이는 누구인가_《첫 번째 질문》** · 028
   오늘의 그림책 인문학_ 질문 · 037
   더 읽으면 좋은 책_《질문의 7가지 힘》 · 038

3. **아이의 상상력을 이해한다는 것_《이 집은 나를 위한 집》** · 040
   오늘의 그림책 인문학_ 공간 · 046
   더 읽으면 좋은 책_《기적의 밥상머리 교육》 · 047

4. **아이의 일상을 살펴보는 일_《숲에서 보낸 마법 같은 하루》** · 049
   오늘의 그림책 인문학_ 시간 · 058
   더 읽으면 좋은 책_《마음 스트레칭》 · 059

5. **아이의 마음에도 슬픔이 있다_《철사 코끼리》** · 061
   오늘의 그림책 인문학_ 슬픔 · 069
   더 읽으면 좋은 책_《상실을 이겨내는 기술》 · 070

2장 사유
: 엄마로 살면서 생각해 볼 것들

6. 아이에게 가르쳐야 할 생명의 소중함_《7년 동안의 잠》 · 074
   오늘의 그림책 인문학_ 생명 · 084
   더 읽으면 좋은 책_《생명을 보는 마음》 · 085

7. 좋은 관계를 맺기 위해 필요한 것_《곰씨의 의자》 · 087
   오늘의 그림책 인문학_ 관계 · 097
   더 읽으면 좋은 책_《모든 관계는 나에게 달려 있다》 · 098

8. 아이의 실수가 경험이 되게 하려면_《아름다운 실수》 · 100
   오늘의 그림책 인문학_ 실수 · 108
   더 읽으면 좋은 책_《인생의 태도》 · 109

9. 마음을 지키는 일은 왜 중요할까_《마음여행》 · 111
   오늘의 그림책 인문학_ 마음 · 119
   더 읽으면 좋은 책_《물러서지 않을 용기》 · 120

10. 배려는 어떻게 전달되는가_《지하 정원》 · 122
   오늘의 그림책 인문학_ 배려 · 131
   더 읽으면 좋은 책_《굿 라이프》 · 132

3장 치유
: 엄마를 위한 다독임

11. 바쁜 일상에 치여 산다면 _《잃어버린 영혼》 · 136
    오늘의 그림책 인문학_ 위로 · 144
    더 읽으면 좋은 책_《내 마음을 돌보는 시간》 · 145

12. 완벽한 사람은 어디에도 없다 _《완벽한 아이 팔아요》 · 147
    오늘의 그림책 인문학_ 완벽 · 157
    더 읽으면 좋은 책_《최고의 석학들은 어떻게 자녀를 교육할까》 · 158

13. 가족이라는 최고의 치료제 _《개미 요정의 선물》 · 160
    오늘의 그림책 인문학_ 가족 · 168
    더 읽으면 좋은 책_《행복의 지도》 · 169

14. 나이든다는 건 아름다워진다는 것 _《검은 머리 흰머리》 · 171
    오늘의 그림책 인문학_ 나이듦 · 177
    더 읽으면 좋은 책_《유쾌하게 나이 드는 법 58》 · 178

15. 느려도 괜찮다, 당신은 소중하니까 _《슈퍼 거북》 · 180
    오늘의 그림책 인문학_ 나다움 · 187
    더 읽으면 좋은 책_《행복을 찾아가는 자기돌봄》 · 188

4장 통찰
: 성장하는 엄마를 위한 깨달음

16. 더 깊은 사랑을 주는 시간_《엄마의 선물》 · 192
    오늘의 그림책 인문학_ 모성애 · 202
    더 읽으면 좋은 책_《엄마의 마음 저축》 · 203

17. 아이를 행복하게 만드는 말_《나는 강물처럼 말해요》 · 205
    오늘의 그림책 인문학_ 대화 · 214
    더 읽으면 좋은 책_《아이의 마음을 움직이는 한마디》 · 215

18. 내 인생에 귀 기울인다는 것_《100 인생 그림책》 · 217
    오늘의 그림책 인문학_ 인생 · 225
    더 읽으면 좋은 책_《100세 시대를 준비하는 열 번의 성장》 · 226

19. 내면아이를 끌어안는 일_《어른들 안에는 아이가 산대》 · 228
    오늘의 그림책 인문학_ 내면아이 · 235
    더 읽으면 좋은 책_《자기 돌봄》 · 236

20. 어떤 일상을 선택할지는 나에게 달렸다_《두 갈래 길》 · 238
    오늘의 그림책 인문학_ 태도 · 247
    더 읽으면 좋은 책_《햇빛은 찬란하고 인생은 귀하니까요》 · 248

21. 엄마에게 주어진 행운_《행운을 찾아서》 · 250
    오늘의 그림책 인문학_ 행운 · 257
    더 읽으면 좋은 책_《두 번째 산》 · 258

나오며 엄마부터 아이까지 일상이 풍요로워지는 시간 · 260

1장
탐구

: 아이와
나를 발견하는
그림책

1. 아이라는 존재의 탄생

《너는 기적이야》

출산부터 성장까지
모든 순간이 소중한 육아에 대하여

최숙희 글·그림 | 책읽는곰

세상에서 가장 아름다운 말 '엄마'. 그 소중한 단어를 내 아이가 발음했을 때, 꽃을 피우고 향기를 내었습니다.

엄마가 어떤 존재인지 알고 엄마가 되겠다고 선택한 사람이 있을까요? 누구나 처음엔 실수투성이의 엄마로 아이와 마주섭니다. 부부가 아이를 계획 없이 낳을 수도 있고, 계획을 했어도 두려움 반, 기대 반으로 엄마가 되기도 하지요.

엄마가 되면 이전에는 미처 깨닫지 못했던 '아이라는 존재'가 오롯이 이해되지요. 엄마 자신도 아이를 키우며 '엄마라는 존재'가 점차 이해됩니다. 그렇게 엄마는 엄마로서, 아이는 아이로서 인생을 배우며 살아가는 게 육아입니다.

가슴을 뛰게 하는 아이의 탄생

엄마는 아이가 태어날 때까지 10개월을 기다립니다. 아이를 임신하고 호르몬의 변화로 입덧, 기분 조절이 힘들 때도 있지만, 많은 날을 태어날 아이를 기다리며 보냅니다.

어떤 지인은 오래도록 아이가 없다가 간절히 원하던 아이가 생기자 일도 그만두고 꽃꽂이를 배우고, 좋은 음악을 듣고, 몸에 좋은 음식도 즐겨 먹으면서 태교에 힘썼다고 합니다. 엄마의 편안한 심신이 아이의 풍부한 감정과 사고력에 영향을 미치니까요. 그러는 동안 아이는 엄마 뱃

속에서 무럭무럭 자라 건강히 세상으로 나왔지요.

누군가는 인생이 '아이를 낳기 전과 후로 나뉜다'고 하지요. 아이를 낳고 키우며, 마치 새로운 세상을 사는 느낌으로 모든 게 다시 보이고, 비로소 어른으로 성장할 수 있었다면서요. 어쩌면 신이 부모에게 인생을 잘 살도록 아이를 우리에게 보내 준 건 아닐까요? 그런 의미에서 아이를 낳는 일은 '신의 한 수'라고 생각합니다.

아이는 부모에게 기적 같은 존재이자 삶의 원천이 됩니다. 아이는 부모를 힘들게 하는 존재가 아닌 사랑스러운 하늘의 축복이지요. 최숙희 작가는 부모와 아이의 만남을 '기적'이라 표현했습니다. 처음으로 아이를 품에 안았을 때를 떠올리면 그저 환희이며 기적 같은 일이라고요.

아이가 태어나기를 기다리는 동안 얼마나 설레며 행복한 마음으로 보냈나요? 아니면 지금 기다리고 있나요? '내 아이'라는 존재는 생각하면 할수록 가슴을 뜨거워지게 합니다.

아이의 특별한 순간을 묘사한 그림책

아이와 엄마의 사랑을 다룬 《너는 기적이야》는 많은 독자들의 사랑을 받은 스테디셀러입니다. 아이를 향한 사랑의 말과 따뜻한 그림이 잘 어우러진 이 책은 아이와 엄마의 정서를 높이는 데 제격입니다. 주로 0세부터 3세까지 아이들에게 읽어 주기 좋은 그림책입니다. 태교할 때부터 읽으면 소중한 만남을 준비할 때 더 좋겠지요.

표지를 보면 엄마와 아이의 따뜻한 표정이 뭉클합니다. 이 책을 펼쳐 읽는 모두에게 무엇과도 견줄 수 없을 만큼 평온한 세상을 보여줄 것만 같지요.

맨 첫 장에는 아이를 기다리는 미어캣이 나옵니다. 《너는 기적이야》의 특이한 점은 아이를 빼고는 부모를 모두 미어캣, 코끼리, 강아지, 곰 등의 동물로 표현했다는 점이지요. 물론 맨 마지막에는 엄마 얼굴이 나오지만요.

다시 아이와 감격스런 만남을 기대하는 미어캣 장면으로 돌아가 봅시다. 아이를 기다리는 미어캣 옆에 탯줄에 매달린 아기가 보입니다. 그 뒤에 해가 아기를 밝게 비치고 있습니다. 해조차도 아이를 마중 나오며 축복한다는 느낌을 줍니다. 엄마와 아이가 만나기 위해 치러야 했던 고통을 황홀한 순간을 숭고한 풍경으로 잘 그려 냈지요.

아이의 탄생처럼 신비하고 축복인 일이 어디 있을까요? 갓 태어난 아이의 울음소리는 엄마의 마음에 동화되고, 아이의 숨결은 엄마를 따뜻하게 하는 안정제입니다. 아이를 안을 때, 온 마음을 다해 지켜 주겠다고 간절히 기도하게 되지요. 세상에 그 어떤 어려움 속에서도 보호해 주겠다는 다짐이 모든 부모의 마음일 겁니다.

페이지를 넘기다 보면 아기가 태어난 모습부터 첫 이가 나고, 걸음마를 하고, 점차 성장해가는 모습을 알 수 있습니다. 이 그림책은 아이의 성장 과정을 보여 주는 동시에 사랑 가득한 부모의 마음을 잘 표현하고 있습니다. 아이로 인해 감격했던 마음, 축복을 빌어 주는 마음, 늘 걱정하는 마음 등이 가득하지요.

아이가 부모를 향해 처음 웃었을 때, 기분이 어땠나요?《너는 기적이야》에는 아이가 엄마에게 웃음을 지을 때 꽃들도 따라 웃는 모습으로 표현했습니다. 기쁨이 만개한 순간을 선사합니다. 아기가 손으로 나비를 잡으려는 모습조차도 사랑스럽습니다.

아이의 첫 이가 돋는 순간은 어땠나요? 작가는 이 순간을 온 세상에 새싹이 돋는 장면으로 그려 냈습니다. 저도 제 아이의 첫 이가 났던 순간은 잊을 수가 없습니다.

우리 아이는 첫 이가 나올 무렵, 간질간질 잇몸 만들기를 열심히 하더니 이 한 개를 잇몸 속에서 끄집어 냈습니다. 작은 이 한 개로 사과를 씹을 때 나는 사각사각 소리가 얼마나 신기했는지요. 그때의 감격이 일기장에 고스란히 적혀 있었습니다.

아이가 자라는 모든 순간이 늘 경이롭지만 처음 무언가가 나거나 행동했을 때는 일기장에 기록해 두려 했지요. 일기장을 더 살펴보니 신생아 때는 온도 조절을 각별히 조심할 것, 트림은 꼭 해 줄 것, 잠투정에 대처하는 법이 있었습니다. 아이가 변은 제대로 보았는지, 엎어질 때 목이 다치지는 않는지, 목욕하는 걸 좋아하는지, 먹여야 할 건 무엇이고, 방 안 온도를 몇 도에 맞춰야 감기에 걸리지 않는지 등 세세하게 기록해 두었습니다. 오랜만에 일기장을 다시 들춰 보면서 '아이 키우는 게 쉽지는 않았네'라는 생각이 들었지요. 하지만 아이의 자라는 모습을 보는 일은 저에게 큰 기쁨이었습니다. 어떻게 하면 아이가 잘 자랄 수 있을지 매일 아이의 작은 변화를 쫓아가기 바빴지요.

우리 아이 첫 돌 행사가 있던 날이 기억납니다. 아이는 자신의 첫 생일이라는 걸 아는지 그날 첫 발을 떼었습니다. 아이의 첫 발걸음은 세상에서 가장 아름다운 몸짓이었습니다. 아기라고 생각한 나의 아이가 한 발씩 떼며 전진하는 모습을 보면서 무척 뿌듯했지요. 넘어져도 자꾸 앞으로 나아가려는 아이의 몸짓이 걱정되면서도 얼마나 기특하던지요. 엄마에게 안겨 자라던 아이가 내 품에서 벗어나 한 발을 뗄 때, 얼마나 감격스러웠는지 모릅니다.

소중한 아이를 위한
섬세한 생각

그럼에도 아이를 키우다 보면 여러 감정이 듭니다. 육아가 마냥 행복한 건 아니니까요. 부모도 어린 시절을 겪었지만, 어린아이를 매일 마주하고 돌봐야 하는 일은 새롭게 느껴집니다. 단순히 생각해서 키우기에는 소중한 내 아이가 행여 마음이 다칠까, 행동이 잘못될까 조심스럽습니다. 그래서 아이를 키울 때는 부모가 생각하고 또 생각하는 능력이 필요하지요.

아이가 고집을 부리거나 떼를 쓰고 우는 경향을 보이나요? 그럴 때면 속상하고 힘이 많이 들지요. 이때 마음을 편안하게 다스리지 못하면 아이의 감정에 휩싸여 화를 내는 일이 자주 생기게 됩니다. 어린 자녀에게 화를 내게 되면 마음이 불편해지니까요.

아이가 왜 우는지 잠시 아이의 입장에서 생각해 볼까요? 아이도 자신의 감정을 조절하지 못해 흘리는 눈물이 있습니다. 엄마에게 서운해 울 수도 있고, 친구와 다투어 속상해서 울기도 하고, 갖고 싶은 걸 갖지 못해 우는 경우도 있겠지요. 말을 논리적으로 하고 싶은데 자신을 대변하는 언어를 사용하지 못하니 답답함에 눈물만 흐르는 거지요.

언어학자 데일(Philip S. Dale)에 따르면, 만 3세부터 6세 미만의 아이들은 약 890개부터 2,500개까지의 단어를 숙지한다고 합니다. 감정을 복잡하게 표현할 수 있는 단어는 이 시기에 얼마 되지 않습니다. 안다고 해도 논리정연하게 표현하기는 쉽지 않지요.

아이가 아플 때는 내가 대신 아팠으면 하고 빌고 빌었던 순간이 있을 겁니다. 대개 성장하는 아이들은 아이는 아프면서 자랍니다. 면역이 생길 때까지는 병원도 자주 다니게 됩니다. 예기치 않게 아프게 되면 엄마, 아빠는 놀라지만 그런 순간까지도 돌봄의 기쁨으로 생각하면 어떨까요? 상처를 견디면서 크는 나무처럼 아픔을 잘 이겨낸 아이는 훌쩍 자라날 겁니다.

아이가 좀 더 자라 '혼자 할 수 있다'라고 말할 때는 기분이 어땠나요?

아이가 만 3세만 되어도 어린이집에 갈 수도 있고, 혼자서 가방을 메고 씩씩하게 걷지요. 그런 모습을 보면 기특한 마음이 들 겁니다. 반면, 엄마와 떨어지기 힘들어하는 아이도 있을 수 있어요. 시간이 좀 더 걸릴 뿐이지만, 서서히 적응할 겁니다.

낯선 곳에서 스스로 적응하는 건 아이에게 큰 모험일 수 있습니다. 이럴 때 엄마가 아이가 적응을 못한다고 걱정하며 불안해하는 것도 아이에게는 불안 요소입니다. 엄마의 불안은 아이에게 전염됩니다. 아이가 불안해한다면 상태를 인정해 주고 아이에게 "걱정하지 마, 잘할 수 있어!"라고 용기를 낼 힘을 주세요.

오늘도 아이와 성장하는 부모

엄마도 아이를 키우는 일이 처음이라면 힘이 들 겁니다. 아이를 키우다 보면 마음의 상처도 생기고 지칠 때도 있으니까요. 그런데 혹시 아이에게 이런 말을 들어 본 적이 있나요?

"엄마, 힘들어? 괜찮아."
"엄마, 사랑해."

아이도 엄마에게 커다란 힘을 주는 사람이 되기도 합니다. 엄마의 눈물을 닦아 주는 사람이 되기도 하지요. 부모가 마음이 힘들 때, 아이에게 위로를 받으면 역시 '인간은 더불어 함께 성장하는 존재이구나' 싶습니다.

엄마는 아이를 낳고 부모가 되면, 언제나 고민하며 이 방법이 옳은지, 저 방법이 옳은지 생각하게 됩니다. 내가 엄마의 역할을 잘못해서 올바른 양육을 못 하는 건 아닐지 번뇌가 들 때도 많습니다. 그런데 내 품 안의 자식으로 가까이에서만 지켜보면, 아이를 제대로 보기 어렵습니다. 무엇보다 엄마 자신을 잃어버리기 쉽습니다.

아이를 멀리서 바라볼 줄 아는 시선, 아이의 기질을 파악하고 성향에 맞는 양육이 무엇인지 생각하는 시간이 있어야 올바른 성장이 이루어집니다. 아이만 성장하는 게 아니라 엄마도 아이와 함께 성장하니까요.

오늘의
그림책 인문학

탄생

- 아이를 가졌을 때 어떤 마음이었나요?
- 아이가 태어났을 때 무슨 생각이 들었나요?
- 아이가 몹시 아팠을 때 어떻게 했나요?
- 아이가 내게 기쁨을 준 순간은 언제인가요?
- 아이는 나에게 왜 기적 같은 선물일까요?

《너는 기적이야》에서 말하는 것처럼 아이와 함께한 하루 하루, 아이와 함께한 한 달 한 달, 아이와 함께한 한 해 한 해가 우리에게 기적이 아닐까요? 모든 날을 기적처럼 소중히 생각하며 성장하는 엄마라면 아이는 분명 사랑스럽게 자라날 겁니다.

육아가 힘들어서 지쳤다면, 사랑스러운 아이와 처음 만났던 그 기쁨의 순간을 기억하세요. 그리고 사랑받고 자란 아이는 사랑을 주는 사람으로 자랄 수 있음을 잊지 마세요.

• 더 읽으면 좋은 책

《똑똑한 아이를 둔 부모들의 7가지 습관》

"부모의 행동과 습관이
아이의 미래를 결정한다."

시치다 마코토 지음, 김하경 옮김, 산호와진주

아이의 미래는 부모의 습관이 결정한다

이 책은 부모의 습관이 양육에 얼마나 영향을 미치는지 알려 줍니다. 사랑을 바탕으로 긍정적인 언어를 사용하고, 아이를 믿으며 다양한 인물에 관한 이야기를 들려주면서 창조적인 생각을 길러 줘야 한다고 말이지요.

표현력이 좋은 엄마를 예로 들어볼까요? 표현력이 좋으면, 아이도 자연히 표현력이 좋아집니다. 표현하는 엄마 옆에서 자란 아이는 자기 생각을 자유롭게 이야기할 수 있지요. 습관은 기질이 아니라 노력입니다. 내 아이의 미래가 총망하기를 바란다면, 부모로서 좋은 습관을 들이고, 그 습관을 아이에게 물려주세요. 말만 내세우는 부모는 아이의 습관과 행동을 좋게 만들기 어렵습니다.

사랑받는 아이는 어떤 문제도 해결할 무한한 힘이 존재합니다. 부모는 아이에게 "어제는 못 했지만, 오늘은 해냈구나. 정말 대단해!"라며 매일 용기를 주는 삶을 선사해 주어야 합니다. 부모가 아이의 있는 그대로를 바라보며 긍정적 생각을 해야 하는 이유지요.

생각하는 부모로서 나의 자녀도 올바른 생각을 가지고 인간관계를 맺을 수 있도록 격려해야 합니다. 아이가 잘 자라서 존중받기를 바라면 아이에게 존중받고 있다고 보여 주어야 합니다.

부정적인 말보다 감동적인 말을 하는 부모가 되어야 합니다. 이와 같은 부모의 작은 습관이 내 아이의 미래를 바꿔 줄 수 있습니다.

아이를 위해 부모가 키워야 할 7가지 습관

1. 아이가 용기와 희망을 품게 하라.
2. 전기를 들려주고 기초학력부터 다져라.
3. 사랑하라, 엄격하라! 그리고 신뢰하라.
4. 타고난 소질을 최대한 살려라.
5. 가정의 질서를 재확인시키고 칭찬하라.
6. 날마다 감동하라.
7. 웃는 얼굴로 좋은 말을 하라.

2.
나는 누구인가, 아이는 누구인가

《첫 번째 질문》
엄마와 아이의 인생을 바꾸는
질문에 대한 이야기

오사다 히로시 글 | 이세 히데코 그림 | 김소연 옮김 | 천개의바람

표지를 보면 땅을 쳐다보는 소녀가 보입니다. 좀 더 가만히 들여다보면 어느 순간 주인공 소녀의 모습과 똑같이 맑은 물 위에 서 있는 나를 발견합니다. 그림과 동화되어 나를 들여다보는 생각의 시간 속에서 조용히 멈춰 서지요. 어린 시절, 세상을 순수하게 알아가던 그 순간으로 빠지게 합니다. 맑은 물을 내려다보고 서 있는 소녀는 자신의 표정에서 무엇을 찾아냈을까요?

《첫 번째 질문》은 오사다 히로시의 주옥같은 시와 이세 히데코의 그림이 만나 멋진 작품으로 탄생한 그림책입니다. 글이 시(詩)로 이루어져서인지, 단순한 이야기보다는 함축된 깊이가 있지요. 시는 인생에서 마주할 중요한 질문으로 되어 있습니다. 한 장씩 음미하면서 읽으면 '진짜 나는 누구인가?' 하는 생각에 빠집니다.

세상을 발견하는 법

살면서 아름다움을 발견하기 위해 '질문'을 사용한 적이 있나요? 질문은 우리 인생에서 가장 소중한 게 무엇인지 새롭게 인식하게 합니다. 단순한 질문에서 오히려 깊은 깨달음을 얻기도 합니다.

아이뿐 아니라 부모도 수없이 자신에게 질문을 해야 세상 앞에 좀 더 지혜롭게 설 수 있습니다.

코로나 팬데믹으로 인한 일상의 멈춤은 삶이 무엇인지를 되묻게 했습니다. 학교에 가야 할 아이들은 소중한 몇 년이라는 시간을 가정과 온라인에서 보냈습니다. 우리는 열병처럼 번지는 새로운 바이러스에 속수무책이었습니다. 사람들은 일상을 멈춘 채 새장에 갇힌 새처럼 속앓이를 했습니다.

"엄마, 언제까지 마스크를 써야 해?"
"엄마, 밖에 나가면 안 돼?"
"엄마, 맛있는 거 먹으러 가면 안 돼?"

알고 싶어 하는 질문은 세상에 닥친 불행만큼이나 정답이 없었습니다. 아이들의 일상적 질문에, 세상에 어떻게 대처해야 하는지 고민하며 답답한 하루하루를 보냈지요.

그때《첫 번째 질문》을 만났습니다. 책을 펼치고, 처음 질문에서 저는 눈물이 났습니다. 뜨겁게《첫 번째 질문》을 읽고 또 읽었습니다. 인생이 답답하게 풀리지 않는 것처럼 느껴졌는데, 이 그림책은 저에게 인생에는 질문만이 존재한다고 말해 주는 듯했습니다. 사는 게 답답해서 답을 찾으려 했는데, 역설적이게도 인생에는 정해진 답이 없다고 말하는 듯했지요.

오늘 하늘을 보았나요?

하늘은 멀었나요, 가까웠나요?

그때의 저는 언제 하늘을 보고 살았는지 모를 만큼 정신이 없는 하루를 보내고 있었습니다. 《첫 번째 질문》을 따라 천천히 하늘을 올려다보았습니다. 어렸을 때, 하늘을 보며 별을 헤아렸던 하늘의 기운을 느끼며 행복했던 순간이 떠올랐습니다.

우리는 바쁜 일상에서 얼마나 하늘을 바라보며 살고 있나요? 하늘을 올려다보는 순간, 세상은 다르게 보입니다. 마음이 바쁘고 힘들 땐 보이지 않던 풍경이 눈에 들어오지요. 마음이 맑고 편안해지면서 여유가 생깁니다. 조급하면 하늘을 제대로 볼 수 없지요. 바쁜 현대 사회를 사는 우리 모두가 아마 비슷할 겁니다.

하늘을 보는 일은 사소하지만 생각보다 큰 결과를 가져다 줍니다. 마음의 여유, 희망적인 메시지를 시사하니까요. 무한한 하늘을 보면 억눌렸던 마음도 풀어지고, 우주 속에 작은 내가 존재하는 듯한 느낌을 받습니다.

구름은 어떤 모양이던가요?
바람은 어떤 냄새였나요?
좋은 하루란 어떤 하루인가요?

하늘을 올려다보면 구름도 보입니다. 시시각각 변하는 구름을 살펴보며, 아이와 다양한 모양의 구름을 찾아보면 어떨까요? 구름이 만들며 지나가는 곳에는 이야기가 있고 쉬어 가는 시원한 바람결이 있습니다. 걱정거리도 잊게 되고 기분마저 상쾌해집니다.

바람 냄새를 맡아 보는 것도 추천합니다. 바람은 주변의 온갖 냄새와 섞여 우리의 감각을 일깨웁니다. 시원한 바람결에 스치는 냄새는 긴장된 호흡을 이완시켜 주고 편하게 숨쉬도록 합니다.

특히 비 오는 날을 활용하는 것도 좋습니다. 아이들은 비가 오는 날, 우산을 쓰고 밖으로 나가는 걸 좋아하지요. 비에 젖은 온 세상의 냄새를 좋아하지 않을 이유가 없습니다.

5년 만에 처음 발견한 것

어느 날, 아이와 함께 산책을 하다가 문득 아이에게 물었습니다.

"이 나무 이름은 뭘까?"

5년을 넘게 살았는데도 주변에 어떤 나무가 심어져 있고 꽃이 피고 지는지 몰랐습니다. 아이와 함께 종이와 펜을 가지고 아파트 주변을 돌며 나무의 이름을 찾아 봤습니다.

"개나리, 진달래, 목련, 장미, 벚꽃!"

아이가 몇 가지 나무 이름을 대었습니다. 꽃들이 모습을 뽐내는 시기였기에 걸으면서 나무를 찾는 활동이 무척 재미있었습니다. 우리 동을 주변으로 옆 동, 옆 단지까지 걸어가면서 나무 이름을 찾고, 팻말이 걸려 있지 않은 건 '모야모 앱'을 사용해 찾았습니다. 밤공기와 함께 향이 짙은 소나무, 비가 온 뒤로 꽃잎을 며칠째 못 보았던 벚꽃도 많이 피어 있었지요. 돌담으로 쌓은 길 옆으로 분꽃과 라일락 나무도 꽃이 피어 있었습니다.

길가 모퉁이에 붓들레아, 수국, 붉은 토끼풀, 각시원추리, 유채꽃, 피소스테기아도 만났습니다. 앞 정원에는 배롱나무, 산수유나무, 미루나무가 서 있었습니다. 그동안 우리는 동네에 이렇게 많은 꽃과 나무가 무성하게 살고 있는지를 미처 깨닫지 못했습니다. 질문을 통한 새로운 발견의 시간이었습니다.

《첫 번째 질문》© 오사다 히로시 글, 이세 히데코 그림, 김소연 옮김, 천개의바람

질문이 이끄는
풍성한 삶

우리는 살아가면서 질문을 통해 세상을 알아가는 경험을 합니다. 질문을 하면 해답을 찾기 위해서 노력하면서, 지식과 생각이 깊어지지요. 대답이 필요할 때는 자신의 다짐과 결심이 필요한 순간이 찾아오기도 합니다. 다짐하고 책임지며 현명한 방법을 찾아가는 여정이 바로, 인생이 아닐까요?

지금 나에게 필요한 건 무엇인가요? 이것만은 하지 않겠다고 다짐한 무엇이 있나요? 혹시 아무런 질문을 하지 않고 살고 있지는 않나요?

인생은 매번 순간의 선택으로 결정됩니다. 자신의 결정에 책임을 져야 하고 마무리도 하면서 살아야 합니다. 그럴 때마다 질문은 선택을 후회 없이 만들도록 작용합니다.

스스로 문제에 대해 의문을 가질 때 답을 찾기 용이해지지요. 아이도 마찬가지입니다. 아이가 어떤 상황에서 혼란스러워한다면, 아이에게 가장 하고 싶은 게 무엇인지 물어, 아이가 지금 할 수 있는 일과 하고 싶은 일을 분별하도록 도와주세요. 자신이 하고 싶은 일, 자신의 강점을 잘 선택하고 성취해가는 지혜로운 삶을 살도록 말이지요.

그림이 수채화, 유화, 색연필 채색 등 각가지 다양한 색깔의 재료로 느낌이 달라지는 것처럼 우리 인생도 어떤 재료를 어떻게 사용하는지에 따라 일상이 달라집니다. 행복, 겸손, 사랑, 감사, 평화, 성장, 도전, 열정, 균형, 너그러움 등…. 우리의 삶을 풍성하게 만드는 인생의 다양한 재료 중 무엇을 선택하느냐에 달렸지요. 내가 부모로서 사용하고 있는 재료는 어떤 건가요? 아이에게는 어떤 재료를 쥐어 주고 싶은가요?

아침마다 침대에서 아들을 위해 성경을 읽어 주는 지인이 있습니다. 지인은 아들에게 종교적 사랑과 겸허함을 알려 주고 싶다고 했습니다. 또 아들에게 모든 일에 긍정적으로 "된다, 된다, 잘된다"라고 이야기한다고 합니다. 그렇게 긍정의 재료로 아이에게 영향력을 미치고 스스로 성장하는 삶의 모습이 매우 인상적이었습니다.

그 뒤로 저도 아이에게 이렇게 말을 걸어 보곤 합니다.

"오늘 하루, 어떻게 즐겁게 보낼 거니?"

아이가 가장 하고 싶은 것이 무엇인지, 엄마인 나에게 필요한 것은 무엇인지 찾아가는 과정에서 통찰하는 삶은 얼마나 귀하지요. 《첫 번째 질문》에서 얻게 되는 깨달음은 우리를 풍성한 삶으로 이끌게 합니다. 이 책을 읽는 동안에는 내가 어떤 사람인지, 어떤 부모인지, 나를 들여다볼 수 있는 통찰이 생길 겁니다. 책을 한 장씩 읽으며 만나는 인생의 진솔한 질문은 우리를 사색하게 하고, 진지한 사유를 하게 만드니까요. 오늘의 나를 생각하고 우리의 삶이 얼마나 소중한지 오래 기억하게 만들 겁니다.

살면서 나에게 첫 번째 질문을 하라면, 어떤 질문을 자신에게 하고 싶나요? 어떤 질문이든지 자신만이 알 수 있는 진실한 생각을 보여줄 거고, 그것이 당신의 삶에 얼마나 소중한지 그 중요성을 인식하게 될 겁니다. 그렇기에 우리는 살면서 수많은 질문을 던지며 살아가야 합니다. 아이도 마찬가지입니다. 아이가 수많은 질문으로 세상을 폭넓게 만나도록 함께하는 삶, 멋지지 않나요?

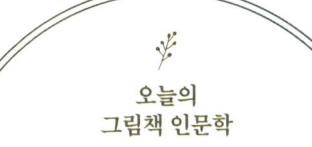

오늘의
그림책 인문학

질문

- 책 속에서 가장 마음에 와닿는 질문은 무엇인가요?
- 나에게 새로운 시각을 주는 인생의 질문은 무엇일까요?
- 아침에 일어나면 아이에게 어떤 질문을 하나요?
- 내가 부모로서 사용해야 할 인생의 재료는 무엇일까요?
- 내 개인의 삶에서는 어떤 인생의 재료를 쓰고 싶나요?

어른이 된 엄마의 삶에도 질문은 여전히 중요합니다. 질문을 통해 부모라는 존재의 가치에 대해 생각해 보는 시간은 필요합니다. 인생이 저마다 살아온 삶의 깊이와 이해, 각자 자신만의 가치로 품위가 드러나는 것처럼 부모로서 사는 일도 그러합니다. 육아를 하며 세워야 할 핵심 가치를 잊고 살지는 않았는지 질문을 통해 생각해 봅시다. 그림책을 읽으면 의외로 복잡한 문제가 단순한 해답으로 정리될지도 모릅니다.

• 더 읽으면 좋은 책

《질문의 7가지 힘》

훌륭한 질문은 우리를 올바른 방향으로 안내한다.
삶에서 적절한 질문은 우리의 삶을 바꾸어
놓을 수 있고 삶의 길잡이가 된다.

도로시 리즈 지음, 노혜숙 옮김, 더난출판

질문을 통한 인생의 기적

우리는 질문을 통해 기적이 되는 순간을 만나기도 합니다. 현명한 부모는 자녀를 키우면서 삶의 길잡이가 되는 질문의 힘을 제대로 사용할 줄 압니다. 질문은 자신의 상태를 점검하게 하고 문제 해결을 돕는 강력한 도구입니다. 질문을 통해 답을 바꿀 수 있는 유연한 아이로 키우는 방법은 매일의 실천에 있습니다.

오늘 아침 우리 자녀들에게 어떤 질문을 했나요? 일상생활에서 적절하게 던지는 질문이 아이의 삶에 길잡이가 될 수 있습니다. 새로운 활력을 주는 질문을 통해 아이가 어려운 상황도 스스로 해결할 수 있기를 바랍니다.

실문으로 우리의 삶이 얼마나 소중한지 알려 주는 책 한 권의 힘은 오랫동안 우리에게 남을 겁니다. 오늘 당신의 하루를 느낌표의 삶과 물음표를 던지는 삶의 시간으로 만들기를 바랍니다. 질문으로 성공적인 삶을 살았다는 저자의 말처럼 이 책에서 질문의 중요성을 다시 한번 깨닫기를 희망합니다.

삶을 바꾸는 질문의 7가지 힘

1. 질문을 하면 답이 나온다.
2. 질문은 생각을 자극한다.
3. 질문을 하면 정보를 얻는다.
4. 질문을 하면 통제가 된다.
5. 질문은 마음을 열게 한다.
6. 질문은 귀를 기울이게 한다.
7. 질문에 답하면 스스로 설득이 된다.

3.
아이의 상상력을 이해한다는 것

《이 집은 나를 위한 집》
집에 대한 고찰과
공간에 대한 상상력

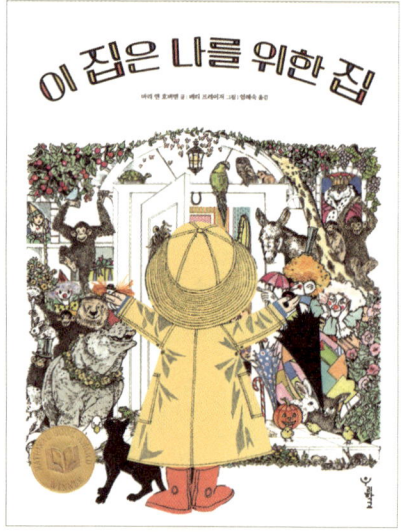

마리 앤 호버맨 글 | 베티 프레이저 그림 | 엄혜숙 옮김 | 우리학교

집은 어떤 곳일까요? 집은 가족이 편안하게 안식을 취하며 생사고락을 함께하는 장소입니다. 누군가에는 즐거움의 장소, 슬픔의 장소, 답답한 장소, 나른한 장소가 될 수도 있지요. 집은 나를 위한 곳, 아이를 위한 곳, 가족을 위한 공간입니다.

《이 집은 나를 위한 집》은 '집'이라는 장소와 그곳에 사는 '존재'를 엮으면서 내 주변의 가치에 대해 생각하게 합니다. 집에 대한 새로운 발상과 전환이 놀라운 통찰을 선사합니다. 한 장씩 넘길 때마다 보물찾기를 하듯 그림 구석구석을 살피게 하지요.

> 장갑은 손, 손의 집
> 긴 양말은 무릎의 집
> 구두나 장화는 발의 집
> 그리고 이 집은 나를 위한 집!

반복적인 '집 찾기'식 문장은 매우 시적이며 새로운 시각으로 사물을 통찰하게 합니다. 이렇게 반복적인 표현으로 아이들에게 집이란 어떤 곳인지, 어떤 형태의 집이 있는지 생각하는 힘을 길러 줍니다.

어른에게는 《이 집은 나를 위한 집》 그림 속에서 어린이의 세계를 즐겁게 바라보게 하지요. 아이의 시각으로 바라보는 세상은 어떤지, 집에 대한 어린이의 상상력은 어떤지 살펴볼 수 있습니다.

아이에게 집은
어떤 곳일까

특히 어린 시절에 집은 매우 중요한 의미를 갖습니다. 어른이 되어서도 살았던 집의 기억은 기쁨을 회복하는 데 영향을 줍니다. 부모님과의 잊을 수 없는 따뜻한 기억, 슬픔을 함께 극복했던 장소, 형제 간에 나누었던 놀이와 대화가 추억으로 남아 행복을 줍니다.

예전에는 고향이라는 개념이 강해서, 결혼하고 터전을 잡으면 거의 한 집에서 아이를 키우고, 손주까지 보는 일이 많았지요. 집의 터전을 떠나지 않고 살아서 집에는 많은 추억이 고스란히 남았습니다. 집은 치유의 장소이자 소통의 장소이며 생명이 살아 있던 장소였습니다.

그런데 요즘에는 터전을 떠나게 되는 상황이 자주 생기지요. 아이의 교육을 위해 잠시 머물게 되는 집도 있고, 집을 장만할 때까지 잠깐 살아야 하는 집도 있고, 이곳저곳 옮기면서 몇 년을 살았는데도 기억이 나지 않는 집도 있습니다. 요즘 "집은 어떤 곳인가요?"라고 물으면 바쁜 사람들은 '잠자는 곳'으로 인식하기도 합니다.

《이 집은 나를 위한 집》은 이런 집에 대한 소중함을 다시 생각하게 합니다. 사람들이 사는 집뿐만 아니라 여러 생명체의 집을 돌아보게 함으로써 살면서 미처 발견하지 못했던 우리 주변에 수많은 소중한 존재에 대해 깨닫게 하지요. 이 이야기를 통해 아이들에게는 세상을 바라보는 관찰력을, 어른들에게는 삶의 지혜를 줍니다.

우리 주변에서 무심코 지났던 흙더미 속에는 누가 사는지 생각해 본 적이 있나요? 땅속에는 개미, 두더지, 생쥐 등 수많은 곤충과 동물들이 살아가고 있지요. 동물들의 집도 사람의 집과 별 차이가 없어 보입니다. 생존을 위한 곳, 안식처, 그 안에서도 치열한 삶과 맞닿아 살아가는 세계를 볼 수 있습니다.

단순한 흙더미가 아니라 개미가 사는 집으로 생각하고 밟지 않고 지나가려는 마음이 들게 하는 것, 이 책이 우리에게 주는 가치이지요.

아이와 함께 이 책을 읽으며 닭장은 닭의 집, 돼지우리는 돼지의 집, 외양간은 암소, 말의 집, 개집에 사는 작은 벼룩, 침대에 사는 빈대, 진흙탕의 웅덩이를 좋아하는 모기까지 세심한 관찰로 바라볼 수 있지요. 이글루는 이누이트 족의 집, 티피는 크리 족의 집, 전 세계 사람들은 다양한 모습으로 살고 있다는 것과 자동차도 차고라는 집이 있고, 비행기는 격납고, 배는 부두, 기차는 터미널이라는 집이 있음을 알 수 있지요. 그 밖에 옥수수 껍질은 옥수수의 집, 콩꼬투리, 호두껍데기…. 모든 존재에는 자신만의 집이 있다는 사실을 살필 수 있습니다.

《이 집은 나를 위한 집》은 이렇게 장소와 존재를 연결하면서, 자신의 역할에 맞는 보관되는 장소가 있다는 것, 그 어떤 것도 제멋대로인 게 없다는 사실을 느끼게 합니다.

아이에게 집은 어떤 곳인지, 집에서는 무엇을 할 수 있는 곳인지 물어보면, 아이들은 자신의 생각에 따라 대답하겠지요. 아늑하고 편안한 곳이 집이라고 대답할 수도 있고, 놀이터나 공주의 집이라고 말할 수도 있습니다. 어른들은 집을 구조화되고 정형화시켜 생각하지만 아이들은 상상의 집, 내가 놀고 있는 곳 모두를 자신의 집으로 볼 수 있으니까요.

집은 상상력이 자라는 공간

아이들이 노는 모습을 지켜보면 종종 나뭇잎과 열매가 음식이 되고, 천은 옷이 되기도 하고, 돌멩이는 식탁이 됩니다. 아이들은 주변에 있는 모든 사물을 둘러보고 관찰해 나갑니다. 그러면서 자신이 사용하고 아끼는 모든 사물에 생명력을 불어넣고 자기만의 공간으로 탄생시킵니다. 생명력을 불어넣을수록 무한히 집이 만들어지고, 어른의 시각에서는 온갖 알 수 없는 것으로 가득 채워지지요.

아이들은 자기 몸과 딱 맞는 작은 공간을 좋아합니다. 자신만의 비밀 공간, 비밀의 세계에서 상상의 나래를 펴고 어떤 꿈도 만들어 내기도 위해서지요. 그곳에선 대장이 되기도 하고, 공주가 되기도 하고, 꽃이 되거나 새가 되어 날이기는 상상을 하기도 합니다. 만약 이런 공간이 없다면 아이와 함께 커다란 상자로 아이만의 집을 만들어 주세요. 아이는 그곳에서 무척 행복해 할 겁니다. 작은 텐트와 손전등만 있어도 그곳은 아이들의 상상의 공간, 쉼터가 됩니다.

아이들의 생각은 얼마나 창의적인지 모릅니다. 사물에서도 자신만의 집을 만들기도 하니까요. 가령, 아이가 주방이나 밖의 놀이터에서 어떤 집을 발견하는지 보세요. 아이는 주변의 온갖 것을 집을 만드는 기발한 상상의 소재로 삼습니다.

아이가 창의적이 되도록 엄마도 같이 열린 생각으로 사물을 살펴보세요. 계란 껍데기, 깡통, 식탁보, 바구니, 헝겊 주머니, 우산 등 아이는 세상만사를 탐색하며 자랍니다.

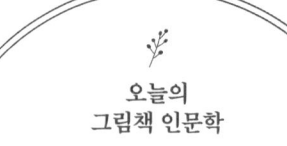

오늘의
그림책 인문학

공간

- 집이란 어떤 의미일까요?
- 우리 가족은 어떤 집에서 살고 싶나요?
- 아이는 자기만의 공간을 어떻게 만들고 있나요?
- 가족이 집에서 하는 일은 무엇인가요?
- 집이 없다면 어떤 마음일까요?

집은 몸과 마음을 편히 쉬기도 하고, 생산적인 활동을 하기도 하는 곳입니다. 가족 모두가 공동체 생활을 하는 곳이고, 더불어 사는 법을 배우는 작은 사회이지요. 아이에게는 자기 영역을 설정할 수 있는 공간이자 상상의 나래를 펼칠 수 있는 곳이 되기도 합니다. 그래서 집이라는 공간의 분위기는 중요합니다. 잠자기 전, 엄마의 기도 소리나 동화를 읽어 주는 소리는 아이들에게 집을 더 특별하게 기억하게 하지요. 좋아하는 음악을 틀어주거나 가족이 함께 이야기를 나누는 공간에 좋은 분위기를 만들면 따뜻한 추억을 쌓는 소중한 곳이 되겠지요.

• 더 읽으면 좋은 책

《기적의 밥상머리 교육》

밥상머리에서 많이 떠드는 아이가 공부도 잘합니다.
밥상머리만 바꿔도 아이의 성적이 바뀌고,
아이의 성격이 바뀝니다.

―

김정진 지음, 예문

가정에서의 밥상머리 교육은 왜 중요할까

아이가 잠들기 전, 잠자리에서 동화를 들려 주는 걸 '꿈머리 인문학'이라고 합니다. 꿈머리 인문학은 부모와 자녀와의 친밀한 관계 형성과 함께 행복한 꿈을 꾸게 하는 훌륭한 도구이며 효과적인 방법입니다. 행복한 꿈을 꾸는 아이는 반드시 꿈을 이루게 됩니다.

아이들은 부모가 자신을 위해 헌신하는 걸 알아챕니다. 부모가 자신들을 위해 얼마나 노력하고 있는지 봅니다. 부모와 친밀한 관계를 다진 아이는 자신감이 뛰어난 아이로 자랍니다. 부모와 자녀 간의 솔직한 대화가 마음의 거리를 좁힙니다.

꿈머리 인문학처럼 밥상머리 교육은 중요합니다. 아이들 생각의 그늘망을 좁혀 주고 생각의 꼬리를 문 질문을 하게 하지요. 아이가 새로운 지식을 배울 수 있도록 부모는 자녀에게 중요한 가르침을 편안한 분위기에서 하는 겁니다. 부모는 아이들과 함께 식탁에 둘러 앉아 질문을 통해 대화하고 토론할 수 있는 기회를 주면 됩니다. 세상과 사람에 대한 부모의 지혜는 밥상 앞에서 잘 전수될 겁니다. 대신 아이들이 대화와 토론을 즐길 수 있도록 열린 마음으로 임해 주세요.

밥상머리 교육은 주도적인 아이, 삶의 목적을 가진 아이로 성장할 수 있는 실천 가능한 교육 처방전입니다.

내 아이를 키우는 밥상머리 교육의 비밀

1. 세계의 명문가는 밥상머리 교육이 다르다.
2. 아이를 수재로 키워낸 비결은 하루 90분 아빠 수업이다.
3. 타고난 머리를 뛰어넘는 유대인의 교육, 하브루타를 활용하라.
4. 위대한 도전을 가능케 한 어머니의 밥상머리 교육을 기억하라.
5. 내 아이의 미래는 밥상 위에서 정해진다.
6. 브레인스토밍과 하이파이브로 아이의 말문을 열어라

4. 아이의 일상을 살펴보는 일

《숲에서 보낸 마법 같은 하루》

똑같은 일상을 낯설고
재미있게 바꾸는 삶의 태도에 대하여

베아트리체 알레마냐 글·그림 | 이세진 옮김 | 미디어창비

아이들에게 "게임을 왜 좋아하니?"라고 물으면 돌아오는 대답은 간단명료합니다.

"재미있으니까요!"

아이들이 단순히 재미로 게임을 짧게 하면 괜찮겠지만, 절제가 어려운 아이들은 게임에 중독되어 버립니다. 게임 노출 시간이 많아지면 엄마, 아빠는 아이들의 게임 시간을 기록하고 관리하면서 통제합니다. 아이들의 게임 과다는 '행동성 중독'의 심각한 사회 문제로 대두되기도 하지요. 점차 스마트폰 사용 연령이 낮아지는 실태를 보면, 어른의 문제 인식과 대처 방법이 중요함을 느끼게 됩니다.

아이가 게임에 집착하는 까닭

《숲에서 보낸 마법 같은 하루》속에도 게임을 좋아하는 아이가 나옵니다. 주인공 아이는 엄마와 함께 숲속 외딴집에 도착합니다. 조촐해 보이는 여행 가방은 아이와 엄마가 조용히 휴일을 보내려고 찾아왔음을 암시하지요.

엄마는 숲속 외딴집에 왔지만, 글을 쓰느라 바쁘고 아이는 게임기만 만지작거립니다. 같은 공간에서 글을 쓰는 엄마와 '화성인 죽이기' 게임을 하는 아이는 각자의 시간에 푹 빠져 있지요.

　아이는 게임을 하는 도중에도 심심했는지 엄마와는 달리 아빠라면 자신을 데리고 나가 재미난 걸 보여 주고, 환하게 웃을 일을 같이할 거라 상상합니다. 그래서 아이는 엄마와 단둘이 숲속에서 지내는 휴일이 반갑지 않지요.

　밖에는 비가 오고, 할 것이라고는 게임밖에 없는 아이는 계속 게임만 합니다. 혹시 책 속 아이의 모습이 낯설지 않고, 우리 집에 있는 아이의 모습과 비슷한가요?

"게임 좀 그만 해! 아무것도 안 하고 게임만 할 거야?"

　아무리 잔소리를 해도 게임에 집중한 아이들은 그 순간 게임 이외에는 아무것도 안 하고 싶어 하지요. 아이를 키우면서 게임에 집착하는 모습을 보면 걱정이 큽니다. 제 친구도 아이가 하루종일 게임만 하면서 시간을 보내길래 자신도 온종일 게임을 했다고 합니다. 그랬더니 아이가 "엄마, 왜 그래?"라고 묻더랍니다. 아이들도 안 되는 건 아닌 줄 알고 있는 거지요.

　그리고 친구는 아이와 다툴 때면 함께 밖으로 나가 산책하며 이야기를 나눈다고 합니다. 소통의 시간을 가지니 아이도 마음을 터놓게 되었다고 합니다. 훈육을 할 때, 아이와 신뢰를 쌓는 것이 중요한데, 친구가 아주 잘하고 있었지요. 아이의 입장에서 마음을 살피는 태도도 좋고요.

자신을 지키며 시간을 소중히 여기는 아이로 성장시키기 위해 게임보다는 다른 게 훨씬 재미있음을 배워야 합니다. 그러기 위해서는 현명하게 시간을 조절하는 법과 새로운 제안을 해야 하지요.

저도 아이가 유치원을 가고 초등학교를 다니는 시기까지 무척 할 일이 많았습니다. 집에서 아이를 돌보며 일한다고 했지만 일에 몰두하게 되면 아이를 돌보는 일이 뒤로 밀릴 때가 있었습니다.

다행히 아이가 친한 친구와 시간을 보낼 수 있어서 다행이었지요. 아이는 그 시간들을 잊지 못할 테지요. 어린 시절에 친구만큼 좋은 스승은 없으니까요. 잘 놀 줄 아는 친구가 곁에 있으면 놀이의 즐거움이 커집니다. 그리고 집 근처에 공원이 있어서 아이가 자연을 쉽게 접할 수 있다는 건 늘 고마운 일이었습니다.

호기심덩어리
아이가 하는 일

《숲에서 보낸 마법 같은 하루》 속 아이는 게임만 한다고 잔소리를 하는 엄마를 못 이기고 밖으로 나갔습니다. 바깥은 비가 내려 진흙탕이고, 안경은 뿌옇게 김이 서려 앞도 잘 볼 수가 없었습니다. 아이는 가지고 나온 게임기가 젖을까 봐 주머니에 넣고 언덕을 내려가지요. 언덕을 내려가다가 뜻밖에 풀잎의 미끄러지는 느낌이 재미있고, 연못 주변의 튀어나온 바위들은 게임 속 화성인 머리처럼 보여 재미를 느낍니다.

아이는 바위들을 하나씩 밟다가 게임기를 그만, 물속에 빠뜨려 버립니다. 얼음처럼 차가운 물에 손을 넣어 게임기를 건지려 했지만 건지지 못합니다. 소중한 게임기를 빠뜨린 아이는 어떻게 해야 할지 모르고 실의에 빠집니다. 속상한 아이는 나무 곁에 쪼그리고 앉아 슬픈 눈으로 거센 비를 바라봅니다.

아이는 자신의 등에 떨어지는 빗방울이 돌멩이처럼 아프고, 눈에 보이는 나무조차도 자신의 신세와 같아 보여서 슬퍼합니다. 좋아하는 게임기를 잃어버린 상실감과 비까지 내리는 외로움에 떨고 있습니다. 엄마에게 야단을 맞고 좋아하는 게임기까지 물에 떨어뜨렸으니 슬픔이 아주 크겠지요.

그러다 주인공 아이는 거센 비 사이로 나타난 거대한 달팽이를 발견합니다. 게임기 대신 달팽이에게 말을 걸어 보고, 만져도 봅니다. 드디어 게임기 대신 재미있는 걸 발견한 거지요.

아이는 숲에서 만난 새에게도 말을 겁니다. 비가 온 뒤 웅덩이에 가득한 물도 마구 튀기며 돌아다닙니다. 매끈하고 투명한 조약돌을 눈에 대고 숲속을 탐색합니다. 이제 숲속은 아이에게 놀이터보다 재미있는 곳이 됩니다. 전에는 경험해 본 적 없는 자유로움을 느끼며 숲을 돌아다닙니다. 난생 처음으로 자연이 눈에 들어오니 신기한 것투성이지요. 한번 몸을 움직이기 시작하니 아이는 더욱 활발하게 탐색합니다. 궁금한 걸 못 참는 아이답게 숲속을 샅샅이 헤집고 다니지요.

아이에게 돌아다니지 말고 가만히 앉아 있으라고 하는 건 고통입니다. 호기심덩어리에, 몸을 움직이는 데 선수인 아이들에게 아무것도 하지 않고 앉아 있는 일은 힘든 일이지요.

호기심이 많은 아이들은 어른보다 발견을 잘합니다. 낯선 곳에 가서도 곧잘 "이건 뭐야?", "저기에 왜 저게 있어?"라며 질문을 퍼붓지요. 작은 꽃, 나비까지 잘 찾습니다. 아이들은 자연을 궁금해하며 자라는데, 요즘엔 자연에 눈을 돌리기에는 방해물이 많지요. 게임기에 몰두해 있는 아이라면 발견도 못할 테고, 생각하는 능력도 떨어질 겁니다. 이 책에 나온 아이도 게임기를 물속에 빠트리고 나서야 이전에 보이지 않던 것들이 보였으니까요.

많은 부모들이 여러 체험 학습을 위해 아이들을 데리고 산으로, 들로, 바닷가로 많이 다닐 겁니다. 저는 되도록 아이들을 숲으로 자주 데려가라고 말합니다. 손으로 땅을 만져 흙의 감촉을 느끼고, 바스락거리는 나뭇잎의 냄새를 맡아보고, 지저귀는 새소리를 듣고, 꼬물꼬물 움직이는 곤충, 뛰어다니는 다람쥐가 사는 숲속에서 다양한 오감을 자극할 수 있기 때문이지요.

아이가 숲을 경험하는 시간은 빛나는 보물 같은 시간입니다. 엄마도 도시에 살다가 숲에 가면 기분이 상쾌해지지 않나요? 아이들은 더 마음이 활짝 열려 정신없이 달리고 달립니다. 아이들은 좋으면 흥분해서 소리를 지른다거나 팔짝팔짝 뜁니다. 가끔은 풀 위에서 미끄러지고 구르고 옷이 조금 더러워져도 괜찮지요. 웅덩이로 뛰어들을 수 있는 마음의 여유, 매끈하고 투명한 조약돌을 통해 예쁜 세상을 바라보는 아이는 분명 한 뼘 더 성장해 있을 겁니다.

진정한 교감은
듣는 그릇에서 비롯된다

해가 어둑해지자 《숲에서 보낸 마법 같은 하루》 속 아이는 엄마가 있는 곳으로 돌아갑니다. 아이는 엄마에게 종알종알 말하는 대신 가만히 웃으며 엄마를 바라봅니다. 그 순간 엄마는 아이를 이해하고, 아이도 엄마를 이해합니다. 엄마는 젖은 아이를 닦으며 따뜻한 눈빛을 보냅니다. 엄마와 아이가 교감하는 순간이지요.

아이는 따끈한 코코아 향을 맡으며 엄마를 마주 보았습니다. 마음의 치유를 받은 아이는 마법 같은 소중한 하루의 경험을 평생 잊지 못하고 살 겁니다.

아이들은 새롭게 느낀 오늘 하루의 일상을 엄마에게 말하고 싶어 합니다. 오늘 자신이 본 것, 냄새 맡고, 맛보고, 새롭게 알게 된 사실을 엄마에게 모두 말하고 싶어 하지요.

물론 그렇지 않은 아이도 있습니다. 책 속 아이처럼 말이지요. 아이가 미주알고주알 자신의 경험을 말하지 않는다고 너무 보채거나 궁금해하지 마세요. 말하든 하지 않든 부모는 그저 아이에게 '마음의 선물을 담는 그릇'이 되어 주면 어떨까요?

만약 아이와 눈을 마주칠 시간조차 갖지 못한다면, 어떤 일 때문에 내가 바쁜지 체크해 볼까요? 나의 행동 패턴을 찾아보면 아이를 위해 무엇을 개선할지 알 수 있습니다. 자녀와 교감이 안 되는 이유가 무엇인지 생각하고 아이와 보낼 유익한 시간을 찾아보기 바랍니다.

일상의 휴식을 주는 편안한 시간

아이와 부모가 함께 하는 방법은 많습니다. 동물원, 미술관, 박물관, 식물원, 여러 체험관…. 되도록이면 바쁜 일상에서 벗어나 도시보다는 자연에서 시간을 보내기를 권합니다. 자연에서 마음을 차분하게 쉬면서 탐구하는 활동은 아이와 부모에게 최고의 선택이니까요.

특히 아이를 키우면서 숲과 공원이 조성된 마을에서 살아보는 것도 좋은 선택입니다. 아이들에게 놀거리를 제공해 주고 부모는 자유로울 수 있는 기쁨을 주니까요. 아이들이 마음껏 뛰어놀 수 있는 여유로운 공간만으로도 여유로운 삶을 경험하는 축복이 됩니다.

자연의 공기는 아이와 부모 모두의 숨을 트이게 합니다. 특히, 깊은 산에서는 피톤치드라는 물질 때문에 마음이 편안해지지요. 녹음이 짙은 산속에 들어가면 공기도 신선하고 나무의 향긋함으로 편안하게 됩니다. 산이나 숲은 남녀노소 모두에게 휴식을 선물합니다.

참, 이 책을 읽고 왜 엄마가 아이 혼자 숲으로 나가게 두었냐느니, 게임기만 하도록 내버려 두었냐느니 하는 질문하는 분은 없으시겠지요? 《숲에서 보낸 마법 같은 하루》에 나오는 이야기는 그런 의미가 아니니 그런 걱정일랑은 잠시 내려놓으세요.

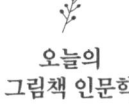

오늘의
그림책 인문학

시간

- 아이와 시간을 얼마나 보내고 있나요?
- 엄마가 바쁘기만 하면 아이는 엄마를 어떻게 생각할까요?
- 아이와 보낸 시간 중에서 아쉬웠던 순간은 언제인가요?
- 나는 어떤 엄마인가요?
- 아이와 여행하는 시간이 주어진다면 어디로 가고 싶나요?

마법 같은 하루를 보내기 위해서는 바쁜 일상을 의도적으로 잠시 멈춰야 합니다. 아이를 키울 때 아쉬웠던 순간을 남기지 않으려면 내가 지금 하고 있는 일이 얼마나 중요한지 한번 생각해 보세요. 바쁘면 계절마다 피는 꽃과 나무의 푸름도 느끼지 못합니다. 자연의 변화를 제대로 느끼지 못하고 아이와 시간도 넉넉히 가질 수 없습니다. 소중한 하루를 아이에게 선사하고, 엄마도 즐기는 시간을 가져 보세요.

• 더 읽으면 좋은 책

《마음 스트레칭》

우리의 관점을 바꾸면 보이지 않던 것이 보이고
다른 방식으로 느끼고 생각하게 한다.
행동할 수 있는 여유를 준다.

시모야마 하루히코 지음, 손민수 옮김, 리스컴

긍정적이고 유연한 마음을 만드는 스트레칭

우리 마음의 여유를 점검하고, 마음을 부드럽게 풀어 주는 방법을 제시해 주는 책입니다. 피곤하고 힘들 때 몸의 근육만 굳어지는 게 아닙니다. 마음의 근육도 딱딱하게 굳어질 수 있습니다. 마음 스트레칭으로 자신의 마음속에서 잘 안 되는 부분을 찾아내고, 행동을 바꾸어 변화시켜 나갈 방법을 찾도록 안내합니다. 지금과 다른 방향으로 생각해 보고 바라보면 풀리지 않던 문제나 긴장에서 자유로울 수 있습니다.

이 책에서는 마음을 풀어 주는 방법 30가지를 제시합니다. 불안이나 스트레스로 긴장되고 굳어진 마음 근육은 부드럽게 풀어 줘야 인생이 편안해집니다.

마음의 긴장을 풀어 주는 10가지 방법

1. 여유를 갖고 다시 일어서는 힘, '회복 탄력성'을 키운다.
2. '마음 측정기'로 마음의 수분도를 체크해 본다.

3. 현재의 자신과 정면으로 마주하는 작업부터 시작한다.

4. 일기장에 꾸준히 기록하는 습관으로 분노를 조절한다.

5. 내 호흡에 집중한다.

6. 창문을 열고 살갗을 스치는 바람을 느껴본다.

7. 생각을 멈추고 괴로워하는 자신을 위로한다.

8. 부정적인 행동을 줄이거나 다른 행동으로 바꾼다.

9. 이유, 장점, 불안을 글로 적을 때 새로운 변화가 시작된다.

10. 서로가 좋아하는 행동에 대해 알면 관계가 발전된다.

5.
아이의 마음에도 슬픔이 있다

《 철사 코끼리 》
아이의 마음에도, 어른의 마음에도
자리하는 슬픔에 대한 고찰

고정순 글·그림 | 만만한책방

인간의 감정은 다양하고 복잡합니다. 자신의 복잡한 마음을 잘 이해하는 사람이 자신의 감정에 두려움 없이 의연하게 대처할 수 있지요. 자기 감정을 알아차릴 때 해결책이 나오고 새로운 길은 만들어집니다.

감정이 무서운 건 눈에 보이지 않아도 전염이 빠르기 때문이지요. 누군가 앞에서 밝게 웃으며 쾌활한 목소리를 내면 어떤가요? 절로 기분이 좋아지지 않나요? 화가 나서 크게 소리를 지르면요? 그 소리에 노여움이 전염되지요. 서글프게 우는 사람을 만나면 나의 감정도 침잠되어 울적해지고 마음도 황량해집니다.

인간의 정서적 감정 중에 '슬픔'은 더욱 그렇습니다. 슬픈 감정의 체계를 이해했다고 해서 슬픔을 치유할 수 있는 게 아닙니다. 살면서 슬픔을 직접 체험한 사람에게만 가능한 일이지요. 그래서 슬픔을 이겨낸 사람은 기쁨의 가치가 얼마나 소중한지 압니다.

상처투성이를 끌어안은 소년

아무나 오를 수 없는 돌산 아래 친구도 한 명 없는 어린 소년 '데헷'이 살고 있습니다. 소년 데헷은 돌봐줄 부모도 없이 날마다 고철을 모아, 대장장이 삼촌에게 갖다 주는 일을 하지요. 그 곁에는 언제나 아기 코끼리 '얌얌이'가 함께 합니다. 고철을 주울 때, 길을 걸을 때, 산을 뛰어놀 때도 늘 코끼리 얌얌이가 곁에 있습니다. 얌얌이는 소년 데헷에게는 유일한 친구였고 마음의 안식처였습니다. 서로 의지하고 돌보며 각자에게 주어진 환경을 받아들이며 힘겨운 시간을 살아갑니다.

데헷에게는 얌얌이가 친구이자 가족이지요. 내 이야기를 들어주는 상대, 내가 심심할 때 함께할 수 있는 친구, 내가 챙겨야 하지만 마음을 나눌 수 있는 가족과 같은 상대입니다.

그런 얌얌이가 눈앞에서 죽음을 맞이합니다. 가장 사랑하는 존재의 죽음을 목격한 소년 데헷은 찢어지는 고통을 겪습니다. 다시 볼 수 없다는 슬픔과 의지했던 대상에 대한 상실감은 삶의 희망을 잃게 만듭니다. 얌얌이의 죽음을 대비하지 못한 허망함, 헤어짐을 인정하고 싶지 않은 복잡한 감정이 생겼지요.

데헷은 눈물을 쉽게 멈추지 못했습니다. 그런 데헷 옆에 다독여 주고 위로해 주는 사람이 있었다면 어땠을까요? 어쩌면 데헷의 슬픔은 오래가지 않았을지도 모릅니다. 슬퍼하는 사람 곁에 누군가가 있어야 하는 이유지요. 슬픔을 빨리 극복할 수 있는 방법은 눈물을 닦아 줄 수 있는 따뜻한 마음과 손길입니다.

데헷은 가시지 않는 슬픔에 갇혀, 눈물로 그리움을 쏟아 냅니다. 소년을 위로하는 건 짙게 드리워진 그늘과 얌얌이가 보고 싶은 마음뿐이었습니다. 그리움은 결국 다른 얌얌이를 만들어 냅니다. 데헷만의 슬픔을 극복하기 위한 방법이었지요.

아무도 데헷의 마음을 알지 못하는 동안, 데헷은 오랜 시간 철사를 모읍니다. 결국 데헷은 얌얌이를 닮은, 자신의 몸보다 몇 십 배나 큰 철사 코끼리를 만들어 냅니다. 데헷은 너무나 보고 싶은 얌얌이를 대신할 철사 코끼리를 보면서 큰 위안을 얻었지요.

불러도 대답이 없는 철사 코끼리, 안아도 따뜻하지 않은 철사 코끼리…. 그저 데헷이 만들어 낸 얌얌이의 대체품일 뿐이지요. 어두운 마음의 터널 속에 스스로 가둔 슬픔도 기쁨도 느끼지 못한 채, 데헷은 철사 코끼리와 길을 헤매는 듯합니다.

우리는 누구나 아무도 길을 안내하고 가르쳐 주지 않으면 앞만 보고 걸어가지요. 데헷 역시 누구도 의지하지 못한 채 거대한 철사 코끼리를 의지한 채 살아갑니다.

<u>철사 코끼리는 얌얌처럼 울지 않았습니다.
품에 안아도 따뜻하지 않았습니다.
하지만 데헷은 철사 코끼리를 얌얌이라고 믿었습니다.</u>

《철사 코끼리》ⓒ 고정순, 만만한책방

트라우마 극복은
위로에서 나온다

자신의 고통과 슬픔만 바라보니 데헷은 자신이 어떤 행동을 하고 있는지, 무엇을 해야 하는지를 알지 못했습니다. 철사 코끼리가 얼마나 위험한 대상인지, 철사 코끼리로 인해 자신이 얼마나 다치고 있는지 전혀 알 수 없었지요. 데헷의 마음속에는 철사 코끼리가 아닌 얌얌이었으니까요.

그러다 어느 날, 사람들의 소리가 데헷의 귀에 들려옵니다.

"철사 코끼리 때문에 사람들이 다치면 어쩌려고 그래?"
"데헷, 네 손을 봐. 온통 철사에 찔린 상처투성이잖아."

자신을 지켜보고 걱정하는 사람들의 소리가 느껴지는 순간, 데헷은 깨닫게 됩니다. 자신의 몸이 온통 철사에 찔린 상처뿐이라는 사실을요. 철사 코끼리는 더 이상 얌얌이가 아니었습니다.

이때부터 데헷은 대상에 대한 객관적인 시각이 생기기 시작하지요. 주변의 소리에 의식이 깨어나고 감각은 온몸을 타고, 새로운 의식의 변화가 생깁니다. 객관적인 시각은 스스로를 관찰하게 만들고 사람들의 관계를 회복하려고 하는 변화를 만듭니다. 그로써 데헷의 마음에 남은 오랜 통증과 불편한 감정은 회복되고 트라우마를 이겨내게 되지요.

아이들도 자라면서 타인에 대한 객관적인 시각, 자기 감정의 객관화를 할 때가 생깁니다. 이때, 부모님이 충분한 관심을 주면서 지혜로운 말로 아이의 시선을 넓혀 주어야 합니다. 엄마, 아빠가 언제나 깊은 성찰로 아이를 잘 지켜보아야 하는 이유지요.

무엇보다 아이의 마음이 닫히지 않도록 지속적인 관심과 사랑을 보여주세요. 데헷도 사람들의 시선과 관심이 자신을 향하고 있었기 때문에 상처를 극복하고 스스로를 돌아볼 수 있었으니까요.

데헷의 상심은 또 다른 눈물을 흘리게 만들었습니다. 철사 코끼리가 얌얌이가 아니라고 깨닫는 순간, 자신이 받아들여야 하는 현실에 마음을 어쩌지 못하지요. 얌얌이와의 추억만 더 또렷해집니다. 어떤 것으로도 채울 수 없는 커다란 슬픔이었습니다. 데헷은 그제야 친구라고 생각했던 철사 코끼리가 차가운 고철로 보이기 시작합니다. 친구라고 만들어 놓았던 철사 코끼리는 얌얌이가 아니기 때문이었지요. 이제 데헷에게도 상실을 받아들여야 할 때가 온 겁니다.

데헷은 철사 코끼리를 용광로에 넣으며 그동안의 고통과 이별하려고 합니다. 다행히도 철사 코끼리와의 상실과 상처는 용광로라는 공간을 통해 회복되어집니다. 대장장이 삼촌은 철사 코끼리를 녹인 쇳물로 작은 종을 만들어 주었거든요.

바람소리에 작은 종소리가 울려 퍼지고 그 소리는 데헷에게 얌얌이의 소리가 되기도 하고 위로의 소리가 되기도 합니다. 종소리는 자유와 해방, 희망의 메시지를 주었습니다. 좋은 데헷의 미래의 바람이며 새로운 시작이 되었지요.

철사 코끼리를 용광로에 던지는 일

아이들에게 《철사 코끼리》 이야기를 들려주면 데헷을 걱정하는 마음의 소리를 들을 수 있습니다.

"불쌍해요."

"슬퍼요."

"안아 주고 싶어요."

"친구가 되어 주고 싶어요."

"제 코끼리 인형을 주고 싶어요."

슬픔은 무겁고 아픈 바위에 눌리는 듯한 감정입니다. 우리도 상실을 겪을 때 생명이 없는 철사 코끼리 같은 대상을 만들어 그리움을 대신할 존재로 안고 살 수 있습니다. 우리는 치유하지 못한 내면의 상처를 안고 살기도 하고 영원할 수 없는 대상을 사랑하기도 하지요. 슬픔이나 상실을 이겨내려면 슬픈 감정에 중독되지 않도록 자신을 인정하고 지지할 줄 알아야 합니다.

우리의 뇌는 마음이 아플 때 반응합니다. 상황을 더욱 좋지 않게 하거나 슬픔의 눈물을 쏟게도 합니다. 이를 극복하는 좋은 방법은 슬픔을 회피하지 않고 맞서 보는 겁니다. 인간은 역경을 이겨내면 단단해지는 마음을 경험할 수 있습니다. 스스로 마음을 회복하도록 내 안에 자신감을 만들어 내는 방법을 찾게 됩니다. 이때 가족 간의 따뜻한 지지가 상실을 이기는 가장 좋은 처방이 될 수 있습니다. 《철사 코끼리》의 데헷은 상실에 대한 슬픔을 내려놓았을 때 이겨 나갈 수 있는 마음이 생겼지요.

지금의 내 감정과 마음의 고통을 알아차렸다면, 회복할 수 있는 내면의 힘을 키우면 됩니다. 그것이 어렵다면 눈물을 쏟아내고 시간이 지나 희미해졌을 때까지 기다렸다가 마음을 챙기면 됩니다.

이별이나 상실의 아픔을 겪지 못한다면 타인에 대한 공감도 불가능합니다. 누구나 내면에 데헷처럼 상실을 경험하고 나만의 상징물을 만들어 상처투성이로 살아가겠지요. 그럴 때 사람들과의 관계에서 자신만의 울타리를 쌓고 마음의 벽을 쌓고 있다면 허물어야 합니다.

어느 누구에게나 소중한 존재의 상실은 힘든 기억이지만, 언젠가는 마주해야 할 일입니다. 그래야 성숙한 삶이 눈 앞에 펼쳐집니다.

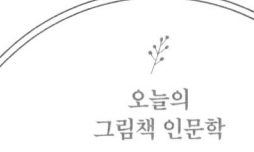

오늘의
그림책 인문학

슬픔

- 이별해서 슬픔이 컸던 순간은 언제인가요?
- 죽음을 선고받는다면 무엇이 가장 하고 싶나요?
- 오랫동안 마음속에 남은 상처는 무엇인가요?
- 슬픔을 이겨낼 수 있는 나만의 특별한 장소는 어딘가요?
- 상실을 극복하기 위한 나의 방법은 무엇인가요?

누구나 살면서 상처가 생겼을 때 충분히 아파하고 고통을 이겨내면 단단해지는 경험은 한 번쯤은 겪습니다. 진정으로 이별을 받아들이게 될 때 이별의 고통은 아름다운 추억이 되고 슬픔은 내면을 승화시키며 성숙한 삶을 살게 합니다.

슬픔을 이겨낼 수 있는 실천적인 방법으로는 고향집 가기, 바다 보러 가기, 집 앞 산책하기, 멍 때리고 앉아 먼 하늘 바라 보기, 도서관에서 책 보기, 좋아하는 맛집 가기, 따뜻한 차 마시기 등 다양합니다. 자신을 치유할 수 있는 건강한 목록을 적어 보는 것도 회복하는 방법 중 하나입니다.

• 더 읽으면 좋은 책

《상실을 이겨내는 기술》

슬픔을 극복하는 데 있어 타인의 인정과 지지는 절대적이다. 슬픔은 우리 몸과 뇌를 휘청이게 하고, 그 감정에 중독되게 한다.

가이 윈치 지음, 이경희 옮김, 생각정거장

상실을 이기는 긍정적인 삶의 엔진

이 책은 상실한 사람들의 내면을 들여다보고 다친 마음을 치유하는 법을 말하고 있습니다. 상실에는 여러 가지가 있지요. 짧고 강렬했던 연인과의 이별, 오랜 세월 함께 했던 반려견의 죽음, 어긋난 이해로 인한 친구와의 절교 등…. 상실을 경험했을 때 우리 안에 있는 상처를 빠르고 완전하게 치유하고 싶다면 의도적으로 마음을 회복할 습관을 만들어야 합니다.

우리 몸은 슬픔을 이겨내고 싶은 강렬한 의지가 있습니다. 긍정적인 사고를 작동하다 보면 자신을 점검하게 되고 밝은 상황으로 마음을 정리하는 능력이 생깁니다. 슬픔을 이겨내고 나면 또 다른 세상이 있다는 사실을 깨닫게 됩니다. 상처를 극복하고 어려움을 헤쳐가는 지혜를 쌓다 보면 어려운 인생을 살아가는 긍정적인 삶의 엔진이 작동합니다.

우리는 내 마음에 미치는 해로운 영향이 무엇인지를 파악하고, 나를 힘들게 하는 집착과 건강하지 못한 회피와 충동적인 습관에 맞서야 합니다. 일상을 잘 보내는 과정을 소홀하지 않는다면 상실에 대한 극복과 인생의 균형을 잡을 수 있습니다. 이 책에 '회피는 슬픔을 더 살찌우고, 집착은 슬픔을 단단히 붙들어 맨다'라는 말이 나옵니다. 그런 순간은 누구나 극복하고 싶지요. 상실을 이겨내는 법을 아래와 같이 정리했습니다.

마음을 정리하는 5가지 방법
1. 이별해야 하는 것과 헤어지기
2. 자신감을 쌓을 수 있는 자기 자비의 강력한 힘 갖기
3. 상실을 인정하고 다른 존재로 그곳을 채우기
4. 반추사고가 반격해오면 마음 챙김을 무기로 사용하기
5. 나 자신과의 연결 되찾기

2장
사유

: 엄마로
　살면서
　생각해 볼 것들

6.
아이에게 가르쳐야 할 생명의 소중함

《7년 동안의 잠》

생명에 대한 소중함과
타인에 대한 이해

박완서 글 | 김세현 그림 | 어린이작가정신

아들과 함께 자연 놀이터에 갔을 때의 일입니다. 거기서 아들이 좋아하는 무당벌레를 만났습니다. 아들은 무당벌레를 잡아 꼼꼼히 구경하고, 날아가지 못하게 주머니에 넣었습니다. 그 모습을 보고 저는 단호히 얘기했지요.

"아들, 무당벌레 만나서 좋지? 다 봤으면 이제 돌려보내자."
"왜? 가져가서 키우면 좋은데!"
"안 돼, 얘는 여기서 살아야 해요."

아이가 곤충에 관심이 많다 보니 곤충에 집착하는 마음도 생기는 것 같습니다. 그러나 저는 곤충도 자연이 집이니, 집을 벗어나면 안 된다고 이야기했지요.

보통 아이들이 유난히 곤충, 동물을 키우고 싶어 하는 시기가 유치원 시기입니다. 아이들은 여치, 메뚜기, 무당벌레처럼 작은 곤충을 귀여워하면서 채집하려 합니다. 물론 다양한 곤충을 키우면서 생명이 소중하다는 사실을 자연스럽게 알게 되겠지요. 분명 집으로 가면 잘 키우지 못해 죽는 모습을 볼 테니까요. 아이가 조금만 소홀하거나 관심을 주지 못하면 그 존재와 헤어진다는 것도 배우게 될 테지요.

아이들과 생물체를 키워 보면서 자연스럽게 존재 가치에 대해 생각해 보는 것도 훌륭한 삶의 경험이 될 겁니다. 또 식물을 키우거나 곤충이나 동물을 키우는 일은 심리적 안정을 주는 데 도움을 주니 좋은 일이지요.

그러나 생명을 바라보는 깊은 울림이 필요합니다. 작은 생명도 생명이라는 사실을 인지해야 하지요. 가끔 아이들을 보면 나약한 곤충을 대하는 자세가 다를 때가 있습니다. 어떤 아이들은 개미가 밟히면 죽을까 봐 길을 돌아가는 아이가 있는가 하면, 일부러 개미를 꼭 밟고 지나가면서 '킥킥' 웃는 아이들이 있습니다. 개구리가 알을 낳는 시기에 올챙이를 보면 물에 꼭 들어가 알을 캐내어 오는 아이도 있고요. 집에서 꼭 키워 보겠다는 거지요.

간혹 올챙이가 되어 다리가 나오면 자연으로 돌려보내야 하는데, 아이의 욕심으로 키우다 죽이는 경우가 많지요. 그런 아이들을 보며 생명의 소중함에 대해 어른이 분명히 가르침을 줘야 한다고 생각이 들곤 합니다.

나와 다른 존재도
소중하다는 생각

아이들에게 생명을 소중하게 생각하는 마음을 가르칠 수 있는 책이 바로, 《7년 동안의 잠》입니다. 이야기는 허기지고 배고픈 개미가 7년 동안이나 땅속에서 잠자는 매미를 발견하며 시작됩니다.

개미 마을은 흉년이 계속되어 먹이를 찾아다니면서 저녁이면 빈손으로 지쳐 돌아오는 날이 많았습니다. 개미 나라의 여왕뿐 아니라 개미 나라의 수많은 개미는 매일 걱정을 합니다. 흉년으로 배가 고픈 어린 일개미는 여기저기 먹이를 찾아 헤매다가 매미 애벌레를 발견합니다.

어린 일개미는 자신이 찾은 먹잇감을 자랑스러워하며 기쁜 소식을 전합니다. 개미들이 굶주리고 배고파 있을 때 먹잇감으로 인해 삶의 희망을 품게 되었으니 개미 마을에 경사가 아닐 수 없습니다. 온종일 먹잇감을 찾아 헤맨 개미들은 크고 싱싱한 먹이라는 소리에 기운이 납니다.

개미들은 빠르고 힘차게 먹잇감으로 향합니다. 그곳에 도착한 개미들은 큰 먹잇감을 보고 놀랍니다. 먹잇감은 반짝거리는 두꺼운 갑옷을 입고 살아서 꿈틀거리고 있습니다. 너무 배가 고픈 개미들은 커다랗고 살아 있는 먹잇감도 두렵지 않습니다. 먹잇감에 개미들이 새카맣게 몰려듭니다. 그 모습을 지켜보던 늙은 개미가 개미들에게 외칩니다.

"잠깐만, 잠깐만 물러가 있어라."
늙은 개미가 먹이를 덮친 개미들에게 외쳤습니다.
젊은 개미들은 늙은 개미를 존경했습니다.
그에게는 젊은이들에게 없는 의젓함과
지혜가 있었기 때문입니다.

늙은 개미를 존경하는 개미들은 이야기를 듣고 물러나지만 왜 멈춰야 하는지 어리둥절했습니다. 늙은 개미는 커다란 먹잇감을 찬찬히 살핍니다. 위험한 존재인지 아닌지, 개미 나라에서 먹어야 할 먹잇감이 맞는지 신중한 자세로 먹잇감을 한 바퀴 둘러봅니다. 늙은 개미는 그것이 매미의 애벌레라고 알아봅니다.

개미들은 매미가 땅속까지 어떻게 들어왔는지 궁금해 합니다. 자신들이 알고 있는 매미하고는 다르다고 생각합니다. 날개도 없어서 어떤 개미들은 매미가 아닌 거 같다고 떠들어댑니다. 이때, 늙은 개미는 한여름 시원한 나무 그늘에서 노래 부르기 위해서 매미는 몇 년이나 어두운 땅속에서 날개와 목청을 다듬고 있다고 알려 주지요. 어린 개미가 찾아온 먹잇감은 거의 7년의 기나긴 세월을 보냈을 거라고요.

그러나 개미들은 종일 놀기만 했던 매미의 모습이 떠올랐습니다. 개미들이 땀 흘려 일할 때 시원한 나무 그늘에서 온종일 노래 부르며 놀던 매미를 생각합니다. 매미가 전혀 측은하지 않았지요.

그곳에 있는 개미들은 서둘러 광 속으로 매미를 날라야 한다고 주장합니다. 매미의 처지가 어떻든 개미들에게는 한 끼 식사가 우선이기 때문입니다. 허기져 있는 개미들이 기다리기에는 너무 힘든 일이었습니다. 늙은 개미는 젊은 개미들이 좀 더 생각할 수 있도록 앞을 막아섭니다. 그러고는 젊은 개미들에게 매미의 삶을 가르쳐 줍니다.

그러나 젊은 개미들은 매미의 삶에는 관심도 없습니다. 현재 내가 할 일, 개미 나라의 개미들이 먹을 양식을 구하는 일만이 중요하지 다른 건 중요하지 않았습니다. 다른 것에 대한 배려는 생각도 못 하고, 생명의 소중함도 느낄 수가 없었지요.

그중에 어떤 개미가 한마디를 합니다. 매미의 노랫소리가 참 듣기 좋아서 일하는 고달픔이 가신 적이 있다고요. 매미의 노랫소리를 들으면 일을 잠시 멈추고 정신 없을 때 여름의 산과 들의 빛나는 모습을 볼 수 있었던 건 순전히 매미 때문이었다고 말합니다. 그 말을 듣고 개미들은 모두 술렁거립니다. 매미를 살려 주어야 하는 쪽으로 의견이 기웁니다.

늙은 개미는 인자로운 웃음을 띠며, 매미가 곧 허물을 벗고 날아올라야 하는데 이곳에서는 비집고 나갈 틈이 없다고 조언합니다. 인간들이 땅을 모두 콘크리트로 덮기 때문에 매미가 나갈 부드러운 땅을 찾아야 한다고 말이지요.

젊은 개미들은 마음을 움직여 매미 애벌레를 부드러운 흙이 있는 곳으로 데려갑니다.

"조심들 해요. 귀중한 목숨이니까."

《7년 동안의 잠》 © 박완서 글, 김세현 그림, 어린이작가정신

개미들은 힘을 합쳐 귀중한 목숨을 부드러운 흙이 있는 곳으로 옮깁니다. 매미를 이동시키는 동안 매미가 조금씩 움직입니다. 개미들은 서로 얼굴을 마주 보며 매미의 움직임에 의해 끌려갑니다. 개미들과 매미는 어느 틈에 땅 위로 나왔습니다. 나무 밑에서 벌어진 광경은 너무나 가슴 벅찬 기적 같은 일이지요. 매미는 혼자 힘으로 나무로 기어오르고 빛나는 날개를 펴고 공중으로 날아오릅니다. 그 광경을 보고 있는 개미들은 어떤 마음이었을까요?

배고픔도 잊고 개미들은 온통 매미의 앞날을 축복해 줍니다. 내 것을 포기하는 마음, 생명을 존중하는 마음은 우리가 다른 사람들에게 베풀 수 있는 최고의 배려가 아닐까요? 남에게 필요한 걸 내어 주고, 아낌없이 도와주면서 앞으로 나아갈 수 있도록 격려하는 작은 개미들의 소중한 마음이 든든하게 느껴집니다.

작은 개미도
소중히 여기는 마음

아이들에게 개미는 유독 관찰의 대상이 됩니다. 우리 아들도 흙 놀이를 하다가 줄지어 가는 개미들만 보면 한참을 지켜봤지요.

"뭐해?"

"개미가 먹이를 찾았는데, 다른 개미들이 와서 먹잇감을 함께 나르는 걸 보고 있어요."

"어디로?"

"개미 집이요. 여기 구멍으로 들어갔어요!"

"우아, 개미 집이 있구나!"

"개미가 엄청 많아요. 개미들이 먹이를 구멍으로 다 나르고 있어요."

"왜 바로 안 먹고 가지고 갈까?"

"개미들은 나눠 먹으려고 그러는 거 같아요."

그날, 아이는 집에 와서 개미 집을 관찰했던 기억과 상상을 더해 개미를 한참 동안 그렸습니다. 아이들은 신기한 걸 만나면 상상의 나래를 펼치기 일쑤지요. 특히 자기가 관심 있게 본 것이나 했던 일은 쉽게 잊지 않습니다. 아들은 그날 길에서 만난 개미 덕분에 관찰 일기까지 쓸 수 있었지요.

《7년 동안의 잠》은 아이들에게 친숙한 개미를 소재로 이야기가 구성되어 있습니다. 아이와 대화를 나눌 주제로 삼기도 좋지요. 7년 동안 잠들어 있는 매미 애벌레를 살릴지, 배고픈 개미가 애벌레를 먹을지 아이와 함께 생각해 볼 만한 이야기입니다.

이야기를 통해 삶의 숭고함과 함께 배고픈 일개미들이 소중한 생명을 지켜 주기 위해 느끼는 갈등을 엄마도 생각해 볼 수 있습니다.

개미들이 느끼는 감정이 마치 우리가 느끼는 배고픔, 갈증, 힘겨운 삶에서의 기나긴 여정과 닮지 않았나요? 살아가면서 느끼던 먹거리의 어려움, 부모로서 해야 하는 일은 돌봄의 마음이 필요하니까요.

《7년 동안의 잠》 이야기는 아이들에게 '기다림'을 가르치기에 좋습니다. 아이들은 기다리는 것, 집중하는 것이 짧기 때문에 배가 고프면 밥을 먹어야 하고, 시간에 맞춰 움직여야 합니다.

아이들에게는 기다려야 한다는 건 힘든 일입니다. 가끔은 자신이 하고 싶어도 참아야 하거나 해서는 안 될 걸 생각하고 분별하는 능력이 없어 실수를 저지르곤 하지요. 그렇기에 아이의 성장 과정에서 기다림은 꼭 가르쳐야 할 덕목입니다. 기다리는 걸 배우면 자기 조절 능력까지 키울 수 있습니다. 대신 엄마가 아이가 궁금증이 생기기도 전에 모든 걸 완벽하게 해 주면, 아이는 스스로 못하는 경우가 많아지지요.

이 책은 개미와 매미의 일생을 통해 자연에서 살아가는 생명체의 소중함을 일깨워 주는 가르침과 끈기와 인내의 결실에 대해 알려 줍니다. 먹거리가 없는 환경의 열악함, 배고픈 상황 속에서도 생명의 소중함을 알아가는 개미들은 감동적이기까지 합니다.

늙은 개미에게서 배우는 부모의 역할

부모는 배고픔 속에서도 애벌레를 먹지 않도록 지혜를 준 늙은 개미를 생각해 보아야 합니다. 늙은 개미는 젊은 개미들에게 좋은 방향으로 나아가도록 하는 리더의 역할을 톡톡히 했습니다. 사물을 바라보는 시각의 올바름, 지혜로운 판단, 위계질서가 주는 안정감, 어른으로서의 중요한 역할을 보여 주고 있지요.

인간은 자연과 더불어 살아가야 하며, 어른은 생활 속에서 생명을 존중하고 실천할 수 있도록 아이를 가르칠 의무가 있습니다.

문제를 직면하고 해결하려는 결연한 마음이 더 나은 삶을 만들어 줍니다. 어느 공동체나 마찬가지지만 가정에도 지혜로운 사람은 필요합니다. 방향을 잃지 않도록 길을 잘 안내할 어른으로 산다는 것, 삶의 철학을 갖는다는 것은 우리의 삶을 의미 있게 만들어 줄 겁니다.

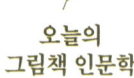

오늘의
그림책 인문학

생명

- 배가 고플 때 어떤 감정을 느끼나요?
- 내가 개미라면 매미를 어떻게 했을까요?
- 다른 생명을 돌보아 준 적이 있나요?
- 생명의 소중함을 경험한 적이 있나요?
- 개미 공동체의 미래는 어떻게 되었을까요?

아이에게 좋은 부모, 좋은 어른으로 존재하고 있는지요. 저는 《7년 동안의 잠》 이야기 속 늙은 개미처럼 진실한 마음과 용기를 가진 사람, 문제해결력을 가지고 좋은 방향으로 나아가는 사람, 자아 성찰을 잘하는 사람, 내적 성숙과 타인과의 대화를 지혜롭게 하는 사람, 진실한 행동을 하는 사람, 타인의 좋은 관점을 찾는 사람이 좋은 어른이라고 생각합니다. 우리가 이런 좋은 어른이 될 때, 아이도 좋은 어른으로 자랄 수 있는 발판이 되겠지요.

• 더 읽으면 좋은 책

《생명을 보는 마음》

"보이지 않아도, 보이지 않는 곳에도 생명은 있다. 보이지 않는 생명과 다른 모든 생명이 서로 이어져 있다. 연결 고리의 어딘가에 우리 인간도 서성이고 있다."

김성호 지음, 풀빛

소중한 생명을 보는 방법

이 책은 생명을 겸허하게 보는 방법을 알려 주며 모든 생명체의 존귀함에 대해 말하고 있습니다. 우리 삶에 깃든 소중한 생명 이야기는 다른 존재를 보는 마음부터 다스리게 도와줍니다. 나무의 빛깔, 풀의 색깔, 하늘빛까지도 빛나게 보는 마음, 자연 생명체의 소중한 모습에서도 사랑을 느끼는 마음을 통해 겸허함을 배울 수 있지요. 우리가 마음을 열고 자연을 바라봐야 한다는 다짐을 하게 합니다. 생명을 대하는 마음과 방식에서 생명이 소중하다는 걸 알아야 할 이유와 생명을 바라보는 힘을 키워 줍니다.

자연은 우리에게 얼마나 많은 걸 공유하는지요. 우리는 아름다운 자연을 만끽하면서도 자연으로부터 공존하는 법을 배웁니다. 더불어 자연으로부터 서로 경쟁하지 않으면서 순응하고 적응하는 자세를 배워야 하지요.

생태학자로서 60년 동안 생명의 관찰을 통한 통찰은 우리에게 세상을 바라보는 열린 사고와 융통성을 사유하게 합니다.

소중한 생명을 보는 방법

1. 야생동물과 함께하는 영역을 보존하고 관리해야 한다.

2. 식물의 영역, 녹색의 세상을 짓밟는 일을 멈춰야 한다.

3. 눈에 보이지 않는 생명체들도 우리와 연결되어 있다.

4. 생명과 자연에 대한 경외심과 존경심을 새로이 만나야 한다.

5. 생명을 죽이는 축제를 생명을 살리는 축제로 부활해야 한다.

7.
좋은 관계를 맺기 위해 필요한 것

《곰씨의 의자》
자기 자신에 대한 이해와
싫은 소리도 할 수 있는 용기

노인경 글·그림 | 문학동네

누구나 살다 보면 바쁠 때가 있습니다. 몸이 지쳐서 피곤하면 기력이 빠지지요. 그럴 때 우리는 회복을 하려는 의지가 발동합니다. 쉴 공간을 찾아보고 자연에 나가 숨을 트이고 돌아옵니다. 자신만의 공간에서 느긋하게 책도 읽고 차도 마시면서 일상의 시간을 보내기도 합니다. 우리는 감각적으로 자신이 좋아하는 것, 마음을 편안하게 하는 것에 대해 지각하고 있습니다.

그럴 때 누군가와 함께 있다면 좋으면서도 불편하게 느껴지지요. 누구나 자신만의 공간에서 혼자 조용히 사색하며 차 한 잔 마시고 싶은 순간이 있으니까요.

아이들도 매번 친구들과 뛰어놀고 싶기만 한 건 아닙니다. 도서관이나 집에서 조용히 책을 읽고 싶어 하기도 하고, 숲속에서 혼자 걷고 싶어 하기도 합니다. 내성적이고 혼자 시간을 보내는 걸 좋아하는 아이가 아니더라도 아이에게도 조용한 자신만의 시간이 필요하지요.

아이도 자기 감정이 있습니다. 아이가 어릴 때부터 자기 감정을 솔직하게 표현하고, 조절할 수 있도록 해 주어야 건강한 어른이 되지요. 아이이기 때문에 자유의 시간, 사색의 시간이 필요 없다고 간과하면서 지나친 간섭을 하는 부모를 봅니다. 알다시피 아이에게도 거리 유지를 잘 해야 합니다. 거리 유지가 깨지게 되면 혼란스러운 감정을 갖게 될 수도 있지요.

곰씨는 왜 싫다고
말하지 못했을까

《곰씨의 의자》에는 커다란 몸에 순박하게 웃고 있는 곰씨가 나옵니다. 곰씨는 매일 규칙적이며 조용한 생활을 즐기며 일상의 행복을 느끼는 흰 곰이지요. 조용히 독서하고 차를 마시며 느긋하고 안정된 시간을 보내는 걸 좋아합니다.

주인공 곰씨와 함께 중요한 요소로 쓰이는 의자는 곰씨의 안락한 공간을 상징합니다. 의자를 통해 곰씨의 마음과 행동을 보여 주지요. 이 책에서 의자는 앉는 사람의 몸을 통제하기도 하고 정신적으로 긴장을 풀어 주는 장소이기도 합니다.

곰씨의 의자는 개인의 내면화된 역할을 표상하고 있습니다. 혼자만의 의자에서 곰씨는 마음에 안정감을 형성하지요. 곰씨가 원하고 즐겼던 삶은 복잡하지 않고 단순하며 안정되고 느긋한 삶입니다.

이제, 그림책으로 깊게 들어가서 누구에게든 친절하고 배려심이 많은 곰씨에게 어떤 일이 벌어지는지 알아볼까요?

곰씨는 햇살이 눈부신 날에 차를 마시며 시집을 읽는 여유를 즐기고 있습니다. 한눈에 보기에도 가지런하고 반듯한 형태를 좋아하는 곰씨의 모습이지요. 정갈하게 정리된 짐, 커피 잔 등은 곰씨의 만족스러운 표정처럼 편안해 보입니다.

차를 마시며 음악을 듣다 보면
곰씨는 마음이 평화로워집니다.

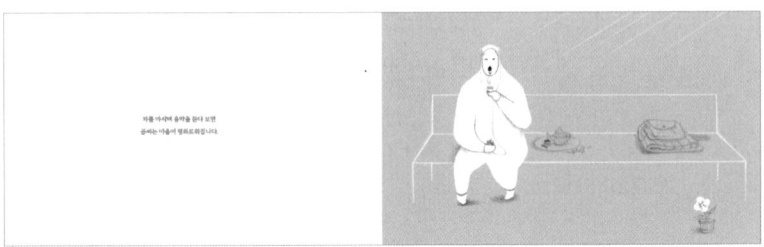

《곰씨의 의자》© 노인경, 문학동네

평화로운 시간을 즐기는 곰씨 앞에 커다란 배낭을 메고 지친 토끼가 나타납니다. 친절한 곰씨는 힘들어 보이는 토끼에게 자리 한 켠을 내어 줍니다. 탐험가 토끼는 유쾌한 여행 이야기로 곰씨를 즐겁게 해 줍니다.

그러다 곰씨와 탐험가 토끼 앞에 무척 슬퍼 보이는 토끼가 지나갑니다. 춤을 잘못 추었다고 마을에서 쫓겨났다며 슬퍼하지요. 탐험가 토끼가 괜찮다며 위로합니다. 무용가 토끼는 춤을 추며 기분을 회복하고 곰씨도 함께 무용가 토끼를 격려해 줍니다.

탐험가 토끼와 무용가 토끼는 서로 호기심을 갖고 좋아합니다. 곰씨는 두 토끼가 결혼할 수 있도록 숲속에 보금자리를 마련해 줍니다. 자기가 쉬었던 공간을 친구들을 위해 기쁘게 내어 줍니다. 곰씨가 배려한 의자는 안전하고 감동을 주는 축복의 장소가 되었지요.

그런데 토끼 부부에게 아이들이 태어나면서 곰씨의 걱정이 늘어갑니다. 아이들이 많아져 곰씨는 느긋하게 의자에서 쉴 수가 없어진 거지요.

좋아하던 음악 감상도 어려워지고 책도 읽을 수가 없게 되자 곰씨는 토끼네 가족이 불편해집니다. 일상이 피곤하다는 생각이 들고, 만남이 힘들게 느껴져 곰씨는 매일 마음이 복잡합니다.

느긋한 삶을 즐기는 곰씨는 이제 행복하지 않습니다. 자신의 기분을 말하지 못하는 곰씨의 마음에는 갈등이 생기고 맙니다. 그런 곰씨의 마음을 모르는 어린 토끼들은 해맑게 곰씨의 모든 행동을 간섭하지요. 곰씨는 불편한 자신의 마음을 토끼 가족이 알고, 오히려 불편해할까 봐 힘이 듭니다. 이래저래 불편한 상황이지요.

토끼 가족을 배려하다 보니 '싫어요'라는 말을 꺼내기가 쉽지 않습니다. 곰씨는 혼자 고민하고 저항하기 시작합니다. 토끼 가족을 위해 싫다는 말도 못한 채, 소심한 거절 의사를 표현하지요. 아무도 앉지 못하도록 의자에 길게 누워 시집을 읽거나 의자에 페인트를 칠하거나 무거운 바위를 가지고 와서 의자에 올려놓는 방법이었습니다. 무슨 일을 해서라도 차단하고 싶은 심리적 마음이 드러납니다. 그럼에도 철없는 아기 토끼들은 포기를 모르고 곰씨에게 다가와 놀자고 하지요.

소소한 불편함이
마음에 상처가 되고

살다 보면 곰씨처럼 제대로 자신의 감정을 말하지 못해서 관계의 갈등을 겪게 되는 경우가 많지요. 사람들과의 관계에서 제때 말을 못해서 오해가 깊어져 좋았던 사이도 멀어지는 경험을 해 봤을 겁니다. 적절한 시간을 놓치게 되면 사람도 잃고 감정의 상처가 깊어지지요.

아이들도 어른과 마찬가지입니다. 부모에게 배운 대로 감정 조절하고, 표현하는 방법을 잘 활용하는 아이도 있지만, 여전히 자신의 감정을 잘 표현하지 못하고 상처를 받는 아이도 있습니다. 아직 말하는 기술이 탁월하지 않다 보니 친구들과 다투는 상황이 벌어지기도 하고 일방적으로 감정에 생채기가 나기도 하지요.

성격이 소심하거나 얌전한 아이들은 친구를 사귀는 것도 늦곤 합니다. 이런 아이들에게는 넉넉히 자신을 바라볼 수 있는 여유 있는 시간을 주면 됩니다.

그림책 수업을 할때, 《곰씨의 의자》을 읽고 아이들에게 곰씨가 왜 그랬는지, 곰씨의 기분은 어땠을 것 같은지 물어보았습니다.

"말을 안 하면 곰씨가 아플 것 같아요!"
"곰씨는 속마음을 이야기해야 해요!"
"곰씨기 슬플 거 같아요."
"곰씨를 토닥여 주고 싶어요."

아이들은 자신이 할 수 있는 위로의 말을 던졌습니다. 곰씨의 마음을 헤아린 친구는 곰씨 마음이 아플 것 같다고 말하고, 곰씨의 어깨를 토닥여 주고 싶다고 말했습니다. 자신이 속상할 때 엄마가 "괜찮아!"라고 말해 줘서 좋았다는 말도 했지요.

아이들도 자신이 어떤 말을 들어야 마음이 좋아지고 상대방에게 어떻게 해 주어야 하는지 압니다.

불편함도 말할 수 있는 용기

다시, 그림책으로 돌아가 볼까요? 곰씨는 계속 자신의 감정을 숨기느라 답답했습니다. 마침내 곰씨는 토끼들에게 말하고 맙니다.

<u>며칠 뒤, 곰씨는 토끼들 앞에서 그동안 말하지 못했던 속마음을 하나하나, 천천히 말했습니다.</u>

토끼 가족이 좋고 함께하는 시간이 소중하지만 가끔은 혼자 있고 싶다는 것, 조용히 책을 읽고, 명상할 시간이 필요하다는 것, 앞으로 코가 빨개지면 혼자 있고 싶다는 뜻이니 다른 시간에 찾아와 달라는 것 등을 이야기하지요. 용기를 내어 한 말 덕분에 곰씨는 평온한 마음을 되찾습니다.

아이들은 종종 자신의 힘으로 안 될 때 울음으로 표출하거나 화를 내면서 표현합니다. 잘 들어 보면, 아이가 어떤 강력한 도움을 요청하고자 보내는 신호입니다. 아이가 울면서 떼를 쓰거나 이상 행동을 할 때는 왜 그런지 아이의 마음을 우선 살펴보세요. 그리고 조금씩 아이에게 내면의 소리를 표출하는 말을 가르쳐 건강한 마음을 가질 수 있도록 안내하세요.

엄마도 마찬가지입니다. 해결하지 못하고 마음에 쌓아 두었던 마음이나 관계가 어렵다면, 지혜롭게 풀 수 있는 방법을 찾으면 좋겠습니다. 불편한 시간, 불편한 만남을 참기만 하면 곰씨와 같은 일을 겪어야 하니까요.

인간관계에서 자기 생각을 정확하게 전달하는 방법은 관계를 유연하게 하는 지름길입니다. 어른들은 대부분 말을 하지 않는 편이 좋은 관계를 유지한다고 생각하지만, 건강한 관계를 갖고 생활하기 위해서 적절한 언어적 표현이 필요할 때가 있지요. 제때 말을 하지 않아 관계가 악화되는 경우가 있지 않나요?

또는 '저 사람과는 맞지 않는 것 같다'라는 선입견 때문에 관계를 만들지 못하는 경우도 있습니다. 그런데 살아 보면 자신과 맞지 않다고 생각한 사람도 시간이 지나 쿵짝이 잘 맞는 경우가 생깁니다. 아이들에게는 친구를 다양하게 골고루 사귀어 보라고 하면서 정작 엄마인 내가 사람들과 거리를 두고 만나기를 꺼려하고 마음의 벽을 쌓으면 어떨까요?

아이들은 엄마가 다른 사람을 만날 때 느끼는 감정도 미묘하게 알아차립니다. 엄마가 사람을 싫어하면 아이도 그런 경우가 좀 있어요. 아이들이 단체 생활을 하다 보니, 엄마도 엄마들 모임에 나가서 꼭 만날 수밖에 없는 상황도 생길 테지요. 그럴 때, 남을 지나치게 배려하며 소극적인 방식으로 관계를 맺으면 인간관계에서 지칩니다. 그렇게 혼자 속앓이를 하다가 모임에 나가지 않는 사람도 보았어요. 내 감정을 말하지 않으면 남들은 절대 모릅니다.

감정을 전달할 때 쓰는 '나 전달법'이 있습니다. 내가 어떤 생각을 하고 있는지 상대에게 정확히 알려 주면 좋은 관계를 유지하는 데 효과적일 겁니다. 무엇보다 자신의 감정에 솔직해지면 상대방과의 관계도 잘 유지할 수 있습니다. 자신을 보호하고 다른 사람을 방어하다 보면 좋은 관계에 실패하게 되는 원인이 되기도 하니까요.

솔직한 감정 표현이
관계를 지킨다

아이나 엄마나 자신의 감정을 잘 표현하는 사람이 되어야 합니다. 혹시 곰씨 같은 행동을 한 적이 있는지 생각해 보세요. 친절한 사람으로 불리기 위해 자신의 감정을 표현하는 데 서툴지 않았는지 자신을 점검해 보면 좋을 듯합니다. 혹시 하고 싶은 말을 못하고 불편한 적이 있다면, 자신이 하고 싶은 말을 솔직히 건네는 경험을 쌓기를 바랍니다.

내가 나를 소중히 여기는 사람이라면 불편한 마음을 솔직하게 말할 수 있는 용기를 가져야 합니다. 때로는 소중한 사람과 좋은 관계를 맺기 위해서는 적당한 거리를 유지할 수 있는 기술도 필요합니다. 혹시, 내 까다롭고 원칙적인 행동 때문에 다른 사람이 불편해하지는 않았는지 마음을 돌아보는 건 어떨까요?

불편한 관계로 끝나버린 사람이 있다면 그 이유는 무엇일까요? 나와 다르다고 판단하고 만날 필요가 없다고 생각하기 때문에 생기는 문제는 아니었을까요. 단단히 내 마음의 빗장을 걸어 잠가 두다가는 다른 사람이 들어 올 기회조차 놓칠 수 있습니다.

가족이나 친구, 동료, 이웃사촌들에게 착한 사람 콤플렉스에 갇혀 자신의 의사를 잘 표현하지 못하고 상처만 받는다면, 생각해 볼 필요가 있습니다. 혹시 불편한 관계가 될 때까지 내가 일방적으로 마음을 닫지는 않았는지, 솔직한 심정은 이야기해 보았는지 말입니다.

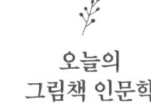

오늘의
그림책 인문학

관계

- 나는 친절한 사람인가요?
- 사람들과 관계가 어려웠던 경험이 있나요?
- 나는 무슨 일을 할 때 가장 마음 편히 쉴 수 있나요?
- 내가 힘들었을 때 친절을 베풀었던 사람이 있나요?
- 아직도 관계를 풀지 못하는 사람이 있나요? 왜 그럴까요?

감정이 타인에게 치우치다 보면 자신의 감정을 발견하는 게 늦을 수 있고, 그래서 좋은 사람도 만나지 못할 수 있습니다. 살아 보니 용기 내서 말을 하면 의외로 관계가 순조롭게 풀리는 경우도 많았습니다.

내가 어떤 생각을 가졌는지 내 생각을 잘 전달하는 것도 지혜롭게 사는 방법입니다. 감정의 서운함으로 생긴 일들이 쌓여 큰 벽이 되지 않도록 마음 훈련을 잘 해야겠습니다.

• 더 읽으면 좋은 책

《모든 관계는 나에게 달려 있다》

내 삶의 인생 패턴, '성격' 또는 '습관'에는
한 사람의 신념이 있다.
신념은 사람의 행동을 결정하고 움직이게 한다.

황시투안 지음, 정은지 옮김, 미디어숲

주도적인 삶을 위해 패턴을 바꾼다

익숙한 삶의 패턴이 우리를 힘들게 합니다. 사람의 '성격' 또는 '습관'에는 그 사람의 신념이 깔려 있고, 이는 인생의 패턴에 영향을 주지요. 신념은 사람의 행동을 결정하고 그 행동은 결과로 이어지기 때문입니다. 지금의 어려움은 과거의 행동이 가져온 결과로써 자신의 신념에 의해 인간의 내면의 고통이나 혼란, 실망, 피로 등에 영향을 줍니다. 인생의 신념을 바꿔야만 과거의 패턴을 바꿀 수 있습니다. 스스로 인생의 패턴을 발견하게 되면 새로운 삶을 찾고 답답한 삶이 개선될 수 있습니다.

우리 삶에서 반복되는 고유한 행동이나 생각, 정서적 반응의 지속적인 문제를 알아내기 위해서는 자신의 삶의 패턴을 들여다보고 어떻게 달라질 수 있는지를 찾아내야 합니다. 이 책은 다양한 사례 분석과 검토를 통해 자신의 내면에 있는 삶의 패턴을 바꿀 수 있는 안내서입니다.

사람은 하나의 대응 패턴이 생기면 어디서나 같은 패턴으로 문제 상황에 대응하게 됩니다. 관계 패턴, 감정 패턴, 사고 패턴을 살펴보고 나답게 사는 방법을 세워야 합니다.

모든 관계는 나에게 달려 있습니다. 자신의 내면을 살펴보는 지혜로운 마음을 키워야 합니다. 상대방은 내 모습의 거울입니다. 삶의 기술을 효과적으로 사용하려면 올바른 태도로 사람을 대해야 합니다. 나답게 행복한 인생을 살아갈 수 있는 긍정적인 삶의 태도를 세울 때 비로소 삶의 패턴은 바뀝니다.

삶의 패턴을 바꾸는 10가지 방법

1. 감정을 직면하고, 마주하고, 받아들여라.
2. 내 허락 없이는 누구도 나에게 상처를 줄 수 없다.
3. 감정 패턴은 어린 시절에 형성된다.
4. 내가 원하는 인생은 내 안에 저장되어 있다.
5. 대응 패턴이 우리의 인생을 좌우한다.
6. 오늘의 나를 만든 건 어린 시절부터 몸에 밴 내면의 패턴이다.
7. '난 안돼'라는 제한적 신념을 깨트린다.
8. 미래에 대한 희망보다 더 소중한 건 없다.
9. 태도를 바꾸면 껄끄러운 관계가 풀린다.
10. 매일 하는 말 한마디부터 바꿔라.

8. 아이의 실수가 경험이 되게 하려면

《아름다운 실수》
위기에서 기회를 찾는
번뜩이는 생각에 대하여

코리아 루켄 글·그림 | 김세실 옮김 | 나는별

살면서 실수를 얼마나 해 보셨나요? 우리는 실수나 실패를 하면 실의에 빠지기 쉽습니다. 하지만 실수는 인간이 할 수 있는 최고의 인생 연습입니다. 실수는 스스로 깨닫고 배우는 길로 인도합니다. 그 깨달음을 얻은 사람은 삶을 여유 있게 살 수 있지요.

자신이 겪었던 절망적인 일을 희망으로 바꾼 사람이 있습니다. 바로, 영국의 평론가 토머스 칼라일인데요. 그는 4년이 넘는 시간 동안 쓴 작품을 실수로 태워 없애버렸지요. 그는 매우 절망스러워 했습니다. 그러다 공사장 노동자가 벽돌을 한 장씩 쌓아 올리면서 집 짓는 모습을 보면서 불현듯 깨달음을 얻지요.

"그래! 저 벽돌공처럼, 오늘부터 다시 시작하자!"

위대한 생각의 전환이었습니다. 실수했다고 당황하지 않고, 실수를 좋은 스승으로 삼아 깨달음을 얻었으니까요.

저는 어릴 때, 실수하면 혼이 났던 기억이 있습니다. 부모님은 제가 실수를 반복적으로 해서 아예 근본부터 없애 주려고 애를 썼던 듯합니다. 부모님의 마음도 인정하나 저는 정신의학자 셸던 콥의 말을 더 믿고 싶습니다.

"우리는 우리 자신에게 실수하고, 때로는 바보 같은 짓을 하도록 기꺼이 허락해야 한다."

실수는 위대한
천재를 낳는다

실수했을 때 어떻게 하나요? 우리가 실수할 때, 어떤 태도를 가지느냐에 따라 세상을 어떤 방식으로 바라보고 있는지가 결정됩니다.

실수해도 유연하게 대처하는 사람이 있지만, 실수했을 때 못 견디며 화를 내는 사람도 있습니다. 실수를 어떻게 받아들이느냐에 따라 삶이 변하니, 실수도 새로운 관점으로 바라볼 수 있어야겠지요.

대개 자신이 선택한 일이 만족스럽지 못할 때 실수했다고 생각합니다. 이때 중요한 건 실수를 한 뒤에 어떤 노력을 기울였느냐이지요. 이에 따라 실수를 부정적으로 볼 수도 긍정적으로 바라볼 수도 있습니다. 사고 방식도 학습이 됩니다. 내 아이가 실수할 때는 어떻게 대응하기를 바라나요? 어린아이가 숱하게 넘어지고 일어서기를 반복하면서 자라는 건 당연한 거니 실수를 하면 손뼉을 쳐 줍시다. 그리고 여유 있게 기다려 주는 시간을 갖습니다.

피아니스트 조성진의 부모님도 묵묵히 지지하고 도와주었다고 합니다. 과도한 욕심을 내지 않고 항상 믿으며 지켜봐 주었다고 합니다.

실수, 실패한다고 책망만 한다면 우리는 위대한 천재들을 만나 볼 수 없을지도 모릅니다. 시행착오를 겪으면서 자극을 받게 되면 자신을 탐색하면서 새로운 도전, 발견을 찾는 기회가 만들어지니까요. 그런데 어른인 남편이 또는 아내가 실수를 한다면요? 그것도 여유 있게 기다려 주면 어떨까요? 인생은 끝없이 배워가면서 성장해가는 연속이니까요.

실수가 아이디어로
변하는 순간

《아름다운 실수》는 얼굴에 작은 얼룩 한 점을 실수로 떨어뜨리면서부터 이야기가 시작됩니다.

주인공 아이는 흰 종이에 사람의 얼굴을 그리고, 눈을 그리다가 실수합니다. 다른 쪽도 눈을 더 크게 그렸습니다. 그림을 그리다가 망쳤다고 중간에 멈춘다면 정말 실수로 끝났겠지요. 그러나 수많은 실수를 통해 좋은 아이디어가 어떻게 나오는지 우리는 이 책을 읽으며 알 수 있습니다. 실수를 긍정적인 사고의 전환으로 어떻게 바꾸는지도요. 이 책은 작은 실수가 또 다른 생각을 낳아 멋진 그림 완성해 가는 이야기이거든요.

아이가 그린 그림의 모습은 처음 생각과는 다르게 전개되었습니다. 그래도 괜찮습니다. 실수한 얼굴 그림에 동그란 색안경을 씌웠더니 괜찮아졌거든요. 실수를 변형할 수 있는 자기 긍정의 자세를 계속 보여 줍니다.

제 아이는 그림을 그리다가 망치면, 다른 종이로 몇 번씩 바꾸었습니다. 그러다 결국 그리고 싶은 그림을 완성하지 못하면 정리를 하려 했지요. 종이를 바꾸려는 아이 옆으로 다가가 물었습니다.

"무엇을 그리려고 했어?"
"염소!"

아이가 유치원 마당 한쪽에서 염소가 새끼를 낳았다며 염소 새끼를 그리고 싶었다고 말했습니다. 아이는 자연 속 생태 유치원을 다녔거든요. 아이에게 염소가 나오는 동물 책을 가지고 오게 했습니다. 염소를 그리고 싶으면 책을 보고 그릴 수 있다고 했더니, "유치원에 있는 염소가 아니잖아요"라고 말했지요.

잠시 눈을 감고 유치원에 사는 염소의 모습을 떠올려 보게 했습니다. 다시 염소를 그리게끔 종이를 주었더니, 아이는 염소 소리를 흉내 내며 조잘조잘 염소 이야기를 하면서 그림을 그렸습니다. 여전히 서툰 그림이었지만 아이는 천천히 그림을 완성했습니다. 하고 싶은 걸 쉽게 포기하지 않아서 고마웠습니다. 그리고 자신이 머무는 곳에 대한 관심과 사랑을 표현하는 아이의 모습이 사랑스러웠습니다.

아이들이 하는 어떠한 실수도 긍정적으로 표현할 수 있다면, 스스로 자존감을 높이는 일입니다. 여기서 아이 스스로 잘할 수 있고, 새로 시작할 수 있다는 생각의 씨앗은 부모가 뿌려야 할 일이지요.

다시 《아름다운 실수》로 돌아가 볼까요? 동그란 점에서 시작된 실수는 얼굴 밑, 목으로 지나갑니다. 실수로 길게 그린 목에 장식을 그리고 레이스에 주름까지 만들어 그림을 그리니 멋진 옷을 입은 아이가 됩니다. 고양이인지 개구리인지 젖소인지 알 수 없는 그림도 어딘가 신비로워 보이고 그 자체로 완성되어 보이지요.

아이의 신발과 땅 사이가 너무 떨어져 있네요.
흠, 이것도 실수이기는 해요.
하지만 롤러스케이트를 신기면?
보세요! 이 생각은 실수가 아니에요.

그림을 그린 아이가 뛰어가는 모습이지만, 신발과 땅 사이가 너무 떨어져 어색하기만 합니다. 이것도 실수라고 생각하는 순간, 롤러스케이트를 탄 아이가 됩니다. 실수가 아니라 창의적인 아이디어로 바뀌는 순간이지요. 작가의 놀라운 시선과 생각은 종횡무진 새로운 상상의 날개를 펴고 생각의 틀을 깨 줍니다. 실수를 실수로 만들지 않고 재창조해 내는 변화는 우리에게 '실수는 새로운 시작'이라는 깨달음을 줍니다.

실수로 만들어진 아이는 이제 어떻게 될까요? 아이는 초록 안경을 쓰고 여전히 쌩쌩 롤러스케이트를 타고 앞으로 나갑니다. 그런데 롤러스

《아름다운 실수》© 코리아 루켄, 김세실 옮김, 나는별

케이트를 타는 아이의 머리에는 또 얼룩 잉크가 떨어졌네요. 이번에도 실수했으나 기발한 아이디어는 계속됩니다. 아이의 손에 여러 개의 노란 풍선이 쥐어지거든요. 이 장면을 보면서 실수를 통해 성장하고 싶은 모든 아이들에게 노란 풍선을 주고 싶은 마음이 들었습니다. 꿈을 잃지 않고 달려 보라는 응원을 담아서요.

실수하며 자라는 아이는 창의적이다

검은 잉크는 다시 이야기를 만들며 그림을 찬찬히 들여다보게 합니다. 그림 속 아이는 변함없이 즐겁고 사랑스럽습니다. 점점 실수는 어두워지는 밤으로 표현되고 여전히 행복한 시간을 보내는 아이의 시간은 흥미롭습니다.

아이의 눈을 통해 하늘은 열린 공간이 되고 세상은 무한한 호기심과 변화를 기대하게 합니다. 날아오를 힘과 용기를 보여 줍니다. 실수를 힘들어하는 아이들에게 실수도 새로운 시선으로 바라볼 수 있다고 말해 줍니다.

만약 내 아이가 자신의 실수를 무척이나 힘들어 하면 어떻게 해야 할까요?

아인슈타인이 이런 유명한 말을 남겼습니다.

"한 번도 실수해 보지 않은 사람은 한 번도 새로운 걸 시도하지 않은 사람이다."

자신의 실수를 새롭게 바라볼 수 있는 생각이 창조성을 만듭니다. 아이들에게는 어떤 실수도 두려워하지 않고 실패를 도전으로 바꾸는 힘이 필요합니다. 아이에게 실수해도 괜찮다고 말해 줄 수 있어야 합니다. 아이가 중요하다고 생각하는 걸 하고 싶은 대로 그냥 해 보도록 하세요. 그러다 실수를 한다고 해서 책망하지 말고 실수를 통해 그다음에는 작은 성공의 경험하게 도와주세요. 엄마와 아빠가 해 주는 응원과 격려는 아이의 미래를 위한 원동력입니다.

원래 아이들은 실수하면서 자랍니다. 실수를 통해 자라고 새로운 방법을 찾으며 문제를 해결해 나갑니다. 작은 실수를 통해 위대한 발명품이 탄생하기도 합니다. 위인전을 읽으며 위대한 업적을 만든 사람들의 실수를 읽는 것도 아이들에게 큰 도전을 줍니다.

실수가 새로운 생각과 변화의 시작이 되지요. 긍정적인 변화를 통해 아이들은 창의적인 상상을 하고 변화를 꿈꿉니다. 실수를 창피해하며 머뭇거리지 않고 인생의 좋은 계기로 삼을 때 넓은 생각이 생깁니다. 경험을 통해 실수가 풍부한 인생의 디딤돌이 될 수 있다는 사실을 알아가는 지혜가 필요합니다. 내 실수뿐 아니라 남의 실수도 너그럽고 여유롭게 받아들일 때 모두가 편안하며, 자신의 마음을 돌볼 수 있습니다.

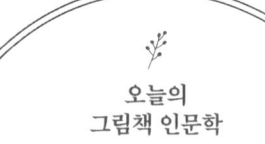

오늘의
그림책 인문학

실수

- 아이가 실수하면 어떻게 말하나요?
- 아이의 실수를 보면 어떤 생각이 드나요?
- 내게 지금까지 잊히지 않는 아름다운 실수는 무엇인가요?
- 왜 아름다운 실수라고 생각했나요?
- 아름다운 성장을 하기 위해서 나에게 필요한 건 무엇인가요?

그림책 수업을 할 때, 아이들이 실수를 하면 "새로운 방법을 찾아내 봐"라는 말을 자주 합니다. 실수해도 괜찮다는 말을 듣는 순간, 아이들은 좀 더 편하게 그림을 그립니다. 누구도 아이들의 실수에 대해 말하거나 비난하지도 않습니다. 아이들과 헤어지는 시간이 되면, 저에게 다가와서 고맙다고 인사를 하고 가는 아이들이 있습니다. 선생님의 긍정적인 피드백을 받은 아이들은 자신감이 넘치는 웃음을 보내옵니다.

우리의 실수가 걸림돌이 아니라 인생의 디딤돌이 되었으면 좋겠습니다. 엄마도 아이도 새로운 생각이 우리를 성장시킨다는 걸 잊지 않고 인생을 재창조하기를 기대합니다.

• 더 읽으면 좋은 책

《인생의 태도》

어떤 사람을 만날 것인가, 어떤 장소에 갈 것인가, 누군가에게 'YES'를 말할 것인가, 아니면 'NO'를 말할 것인가 등 무수히 많은 결정의 순간에 어떤 선택을 하느냐가 결국 그 사람의 길을 결정한다.

―

웨인 다이어 지음, 이한이 옮김, 더퀘스트

실수에 연연하지 않고 잘 사는 길

내가 아는 나와 남이 아는 나는 어떻게 다른가요? 대상을 어떻게 바라보는지, 그 방식에 따라 대상은 변화한다고 합니다. 우리의 태도, 선택, 기대가 인생에 미치는 영향, 성공이라는 개념, 자신이 해야 할 인생의 소명과 중요성을 일깨워줍니다. 하루하루 써 내려가는 일기를 통해 실수를 돌아보고 자신을 살펴볼 수 있습니다.

"우리는 뭔가를 하기 때문에 의미 있는 게 아니라 그 자체로서 존재의 의미가 있다."

우리는 지금, 이 순간을 잘 살아야 합니다. 삶의 태도에 따라 살아가는 방식과 삶의 만족도가 달라집니다. 자신의 삶을 현명하게 잘 살아내는 방법은 타인의 생각이나 평가에 연연하지 않는 방법입니다. 실수에 연연하지 않는 것도 마찬가지입니다.

성숙한 어른이 되어 가는 자세는 내가 누구인지를 잘 알고 내가 어떻게 생각하느냐에 따라 인생이 달라집니다. 스스로 가치 있고 중요하다고 생각하게 된다면 우리의 삶은 우리가 온전한 주인이 됩니다. 좋은 관점과 애정을 가지고 나아가는 자세에 따라 우리의 삶은 편안하고 즐거운 인생이 될 수 있습니다.

인생을 대하는 10가지 긍정적 태도

1. 남에게 휘둘리지 않고 필요하다면 화를 이용하라.
2. 지금 삶을 성장시키기로 '선택'하라.
3. 타인의 평가에 연연하지 않을 때 우리는 진정한 어른이 된다.
4. 운은 타이밍이 아니라 선택이다.
5. 우리는 우리가 생각하는 대로 된다.
6. 타인의 생각은 타인의 것이며 성공은 올바른 믿음에서 나온다.
7. 아이는 스스로 행동할 때 성장한다.
8. 진짜 '나'를 세상에 드러내라.
9. 하는 일을 사랑하라, 사랑하는 일을 하라.
10. 해결책은 늘 우리 안에 있다.

9.
마음을 지키는 일은 왜 중요할까

《마음여행》
자기 마음을 지키고 헤아려야 하는
이유에 대하여

김유강 글·그림 | 오올

"바람 쐬러 가자!"

항상 새해가 되면 가족과 함께 동해를 다녀옵니다. 바닷가 등대 곁에서 시원한 바람을 맞으면 한해 동안 묵은 때가 풀리는 느낌이 들지요. 속이 시원해지는 기분이 아주 좋습니다. 연례 행사처럼 우리 가족만의 '힐링 여행'이지요. 드넓은 바다를 보면서 일 년 동안 해결되지 않는 마음의 짐, 무기력해진 마음을 찾아 떠나는 여행이 가족 모두를 회복시킵니다.

여행은 우리에게 마음을 회복할 수 있는 시간을 줍니다. 가족이나 친구 등 마음에 맞는 사람들과 여행을 가서 그곳에서 속마음을 풀어내면서 문제를 새롭게 발견하고 해결하는 힘을 갖는 사람이 있지요. 또는 혼자 조용히 마음을 되새기는 것이 편한 사람도 있습니다. 어떤 여행이든 깊이 있게 내면과 만나는 시간을 가질 수 있다면 귀한 시간이지요.

여러 세상을 만나야 하는 아이들에게 여행은 더 값진 경험이지요. 그래서인지 학교, 학원에서도 외부 활동을 많이 진행합니다. 저도 아이가 많은 경험을 하길 바라는 마음으로 학원에서 하는 모든 캠프는 다 참여시키려고 했습니다. 특히, 태권도 학원에서 진행하는 1박 2일의 캠프 프로그램은 꼭 신청했습니다. 모든 프로그램 중에서도 1순위였지요.

태권도 학원 캠프도 여러 가지 프로그램이 있는데, 한번은 깊은 밤에 공동묘지 근처 야산에서 진행되는 담력 프로그램에 신청했습니다. 사진을 보면 놀람과 울음이 쏟아질 듯한 얼굴인데, 아이가 집에 돌아오면 다음에도 꼭 가고 싶다고 저에게 말했지요. 아이는 집을 떠나 처음 경험하는 모든 순간이 좋았다고 했습니다. 텐트 안에서 친구들과 자는 일, 아이들이 좋아하는 간식을 먹는 일, 어두운 밤에 선생님 지도 하에 나가 보는 일 등 모든 순간이 특별하다고 했습니다. 새로운 걸 두려워하지 않고 엄마와 떨어져 지낼 수 있는 당당함을 보여서 대견하기도 했습니다.

하룻밤을 낯선 곳에서 지내고 돌아온 아이들은 한 뼘 더 자란 아이가 되곤 하지요. 가족을 보고 싶고, 가족의 울타리 안에 있음에 감사한 마음을 배우는 시간이 되곤 합니다. 해냈다는 자신감으로 자신을 멋진 사람으로 인정하며 용기를 가득 채우지요.

반면에 아이가 자신이 도전했던 마음을 점점 잃어버리고 무기력해질 때가 있습니다. 갖고 싶은 물건에 대한 애착만 커지고, 무엇을 해야 하는지도 모르고, 되고 싶은 것도 모르는 시간을 보내기도 합니다. 일명, 사춘기 시절이지요.

아이들이 사춘기 시기를 잘 보내게 하려면 부모가 신체적, 심리적으로 안정되게 환경을 조성하는 게 중요합니다. 사춘기를 무섭게 겪는 아이들도 있고, 무난하게 보내는 아이들도 있지만 이 시기에 부모나 아이들은 모두 힘이 듭니다. 이때 부모가 먼저 자신의 마음 돌봄을 잘해야 아이와 함께 긴 여행을 동행할 수 있습니다. 그러면 이제 어떻게 마음 돌봄을 해야 하는지《마음여행》을 통해 살펴볼까요?

여행은 깊숙한
내면과 만나는 시간

《마음여행》의 표지만 봐도 행복한 표정이 보입니다. 활짝 웃는 모습, 단단하게 멘 여행 가방까지 주인공 아이의 마음이 우리에게 전달되어 속이 시원해집니다. 아이는 노란색이라 희망찬 느낌을 줍니다.

노란색은 대개 '희망', '긍정' 등 활기찬 기분을 줍니다. 새로운 걸 좋아하는 아이들에게 천진난만하고 밝은 기운이 노란색과 아주 잘 어울립니다. 그래서인지 아이들 용품에 노란색이 많이 쓰이지요.

저는 노란색에 '호기심 가득한 색'이라고 이름을 붙여 주고 싶습니다. 노란색은 상상력을 자극하기도 하고, 아직 미성숙하고 이기적일 수 있는 아이에게도 자신감과 낙천적인 기분을 돋우는 힘을 주니까요.

《마음여행》속 아이는 평범한 하루를 보내다가 갑자기 마음을 잃어버립니다. 마음 조각이 동그랗게 잘려 가슴에서 툭 떨어져 나가서 깜짝 놀라지요. 아이의 가슴에는 동그란 구멍이 생깁니다.

아이의 "안 돼!"라는 외침에도 아랑곳하지 않고 동그란 마음 조각은 굴리시 멀리 떠나버립니다. 마음을 잃어버린 아이는 허탈한 마음으로 갖고 싶은 것도, 하고 싶은 것도, 되고 싶은 것도 없어집니다.

아이는 마음을 잃어버리고 텅빈 가슴만큼이나 텅빈 눈으로 슬퍼합니다. 그중에서도 가장 아이를 힘들게 한 건 '외로움'입니다. 끝없는 외로움…. 외로움이란 감정은 무언가를 포기하고 싶을 때도 만납니다.

《마음여행》 ⓒ 김유강, 오올

외로움은 아이나 어른이나 인간이 느끼는 가장 슬픈 감정입니다. 누구도 곁에 없다는 사실은 정신적으로 지치고 삶의 의욕까지 상실하게 만듭니다.

《마음여행》 속 아이는 마음을 잃고 자신과 고단한 싸움을 하고 있습니다. 방 안에 누워 텅 빈 눈으로 밤을 지샙니다. 그러다 아이는 슬픔을 털고, 마음을 찾기 위해서 용기를 냅니다. 가방을 메고 마음을 찾기 위해 모험을 시작했습니다. 마음을 찾는 일은 어려운 일이었지만 힘들어도 포기하지 않은 덕분에 마음 언덕을 발견합니다. 마음 언덕에는 주인을 찾지 못한 마음들이 산더미처럼 쌓여 있었지요.

주인공 아이는 마음 조각들을 뒤져서 자신의 마음을 찾습니다. 그런데, 마음 조각이 가슴과 맞지 않습니다. 마음 조각이 작아진 거지요. 아이는 맞지 않는 마음 조각을 들고 슬프게 웁니다. 그때, 마음 요정이 나타나지요.

> "안녕, 반가워. 난 마음 요정이라고 해.
> 마음이 작아졌다고 울고 있었구나.
> 그렇게 슬퍼하지 않아도 돼.
> 마음이 작아진 게 아니니까.
> 네 마음 자리가 커진 거야."

마음 요정은 마음이 작아진 게 아니라 커졌다는 말을 하며, 아이에게 씨앗 하나를 건넵니다. 그러면서 너무 슬퍼하지 말라고 위로해 주지요.

저는 이 장면에서 단순한 마음 찾기에 대한 이야기가 아님에 무릎을 쳤습니다. 마음이 쪼끄라든 게 아니라 마음밭이 넓어짐, 그만큼 성장했음을 역으로 보여 주지요. 마음을 찾는 동안 주인공 아이가 두려움, 고단함, 외로움과 싸웠을 때 마음이 넓어진 겁니다.

텅 빈 듯한 아이의 마음에는 마음 씨앗이 피어났습니다. 아마도 아이가 성장할 동안 마음밭에 딱 맞도록 계속해서 마음이 자라겠지요. 우리도 고난을 겪고 나면 그전보다 넓은 마음으로 세상을 헤쳐나갈 힘이 생기는 것처럼요.

아이들로부터 "저는 꿈이 없어요"라는 말을 들을 때가 있습니다. 꿈이 없는 게 아니라 뭘 해야 하는지 뚜렷하게 정하지 못하는 경우일 테지요. 자신이 되고 싶은 꿈을 찾는 건 자기 자신으로 살아갈 수 있다는 의미입니다. 앞으로 살아갈 길에 대한 자기 실현의 길입니다. 어른도 마찬가지로 아무것도 할 수 없다고 느끼면, 모든 행동은 나른해지고 움직이는 것조차 줄어듭니다.

 어른도 그렇지만 아이도 마찬가지로 마음을 잃어버릴 때가 있습니다. 아이의 세계도 어른이 자세히 들여다보지 않으면 외롭기도 하고, 험난하기도 하고, 용기가 필요한 순간도 있지요.

 아이들이 마음이 다치고 힘들 때, 포기하지 않고 또다시 마음 씨앗을 키워가는 도전의 삶을 살도록 응원합니다. 마음 자리를 키우기 위해 멋지게 자라고 있는 아이들은 항상 응원받아 마땅합니다.

 부모의 삶은 어떤가요? 혹시 마음을 잃어버린 아이처럼 무의미한 삶을 살고 있지는 않나요? 우리의 삶도 늘 새로운 도전과 모험을 하고 있지요. 젊을 때와 비교해서 잃어버린 마음이라면 순수함, 열정 같은 것이 있겠지요. 순수함은 명철함으로 열정은 현학으로 마음을 채워나가야 합니다. 내 마음이 빠졌는지도 모르는 상태로 무의미하게 사는 삶이 아닌 진정한 인생의 의미를 찾아 성장하는 사람이 되었으면 좋겠습니다.

나를 나답게
바라볼 수 있는 마음

 어째서 고난을 겪고 나면 이전과 다르게 마음의 힘이 커질까요? 고단하고, 고통스럽다고 생각하지만 막상 그 시간을 견디고 나면 절망이 아니었다는 사실을 깨닫잖아요. 종국에는 어려움을 극복하면서 조금씩 성장할 수 있다는 사실을 알아가는 게 인생이 아닌가 싶습니다. 《마음여행》도 살아가면서 고통이 사람에게 얼마나 단단한 힘이 되는지를 아이들에게 알려 줍니다. 아이들에게 그 깊은 깨달음을 마음 조각으로 쉽게 설명하고 있는 거지요. 내용이 꽤 철학적이지 않나요?

  더불어 이 글을 읽는 어른은 이런 위로를 받을 수 있겠네요.

"괜찮아요. 당신은 아주 잘했어요."
"이 고통이 지나가면 당신에게 분명 남는 게 있을 거예요."

  저는 이 책을 보면서 아이뿐만 아니라 어른의 마음도 읽을 수 있는 책이라고 생각했습니다. 마음을 잃어버린 사실을 모른 채 살아가는 현대인의 모습이 떠올랐습니다. 내 마음은 내 것이니 《마음여행》의 아이처럼 지치지 않고 기쁘게 살아갈 수 있는 방법을 찾았으면 합니다. 자신이 좋아하는 것, 자신이 하고 싶은 것이 무엇인지 한 가지씩 찾아 해 보며 삶을 변화시키길 바랍니다.

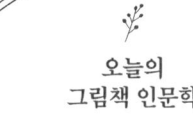

오늘의
그림책 인문학

마음

- 내 마음을 잃어버렸다고 느꼈던 순간은 언제인가요?
- 내 마음이 작아진다고 생각했던 순간은 언제인가요?
- 내 마음이 커졌다고 느끼게 한 일은 무엇인가요?
- 마음을 잃어버렸을 때 나를 움직이게 하는 건 무엇인가요?
- 잃어버린 마음을 다시 찾고 싶다면 어떤 방법이 있을까요?

책 모임에서 《마음여행》을 같이 읽었을 때, 어떤 분이 포기하고 싶었던 순간이 떠올라 마음이 울컥했다고 말했습니다. 지금은 마음의 공허함 없이 풍요로운 삶을 살고 있는데, 자신처럼 마음을 찾아야 하는 사람을 만나면 도움을 주고 싶다고 했지요. 자신도 너무 힘들었던 때가 있어서 외롭고 쓸쓸하게 혼자 놔두고 싶지 않다면서요.

우리 모두는 죽을 때까지 성장하는 삶을 삽니다. 자신의 마음 자리를 키워가는 삶, 서로 도와주는 마음, 격려하고 응원해 주는 사람이 꼭 필요합니다. 단단한 마음으로 자존감 있는 삶을 살기를, 우리 모두의 삶에 마음 자리가 커지길 응원합니다.

• **더 읽으면 좋은 책**

《물러서지 않을 용기》

"습관적으로 회피하는 태도를 버리고
의식적으로 마주하는 자세를 취하는 용기를
발휘할 수 있으면 좋습니다."

―

리궈추이 지음, 이정하 옮김, 유노북스

더 나은 삶을 살기 위한 용기

이 책은 삶을 더 나은 방향으로 이끌며 문제를 마주할 용기를 줍니다. 나를 잃으면서까지 문제를 회피하려는 이유는 다른 사람과 갈등이 생길까 봐입니다. 갈등을 두려워하는 사람은 타인의 평가를 두려워합니다. 부모가 자존감이 낮을 경우 아이도 똑같은 행동을 익히게 됩니다. 갈등은 자연스럽고, 해결할 수 있는 일입니다. 자기 의견을 올바르게 표현하는 능력을 갖춰야 합니다. 갈등과 실패를 두려워하지 말고 그 일을 성취하기 위한 방법을 찾는 게 중요합니다.

부모는 아이의 거울입니다. 아이에게 안정감을 주고 일관된 피드백으로 장단점을 객관적으로 바라볼 수 있도록 도와줘야 합니다. 엄격한 규칙이나 까다로운 부모 밑에서 자란 아이는 긴장하며 살아갑니다. 어른도 마찬가지입니다. 자기를 공격하는 일을 멈추고, 불필요한 원칙을 버리는 일이 필요합니다. 약한 자기 모습을 드러낼 줄 알아야 진실한 자아를 되찾을 수 있습니다. 진실한 관계 안에서 편안한 삶을 살 수 있습니다. 자신을 사랑할 줄 모르는 사람은 자존감이 부족하기 쉽지요. 무슨 일이 일어나도 나는 사랑받을 자격이 있고, 가치 있는 사람이라는 긍정적인 마음이 있어야 합니다. 나와 남을 구분할 줄 아는 힘, 각자 자기 삶의 균형을 유지할 줄 아는 사람은 모든 문제를 잘 해결합니다.

자기 감정을 잘 다스리는 사람이 외부 환경 조절 능력이 뛰어납니다. 현재의 문제를 통해 내면의 상처를 해결하고 더 나은 삶으로 나아갑니다. 우리에게는 물러서지 않고 문제를 마주하는 용기가 필요합니다. 타인과 사회적 기준을 충족하는 삶이 아닌, 자신을 위한 기준을 세워 나은 삶으로 나아갈 수 있는 방법을 이 책에서 다음과 같이 제시합니다.

상처받은 내면의 나를 마주할 8가지 용기

1. 실패를 두려워하는 순간, 일은 꼬인다.
2. 피해자 콤플렉스에서 벗어나야 한다.
3. 자기 수용의 자신감은 무너지지 않는다.
4. 연약함과 친해질 때 더 행복해진다.
5. 인증받기 위한 일들에서 벗어나라.
6. 나를 지키는 적당히 가까운 관계를 유지하라.
7. 감정을 다스리지 못하면 아무것도 다스릴 수 없다.
8. 자신을 사랑할 때 비로소 사랑받을 수 있다.

10.
배려는 어떻게 전달되는가

《지하 정원》
배려하면 주변이 어떻게 변하는지에 대한
속깊은 생각

조선경 글·그림 | 보림

《지하 정원》은 매일 자기 일에 충실하며 낡은 뉴욕 홀랜드 지하철 터널을 청소하는 모스 아저씨의 이야기입니다. 모스 아저씨가 냄새 나고 어두운 공간에 나무 한 그루를 심어 정성스럽게 돌보아서 지하철을 이용하는 사람들에게 기쁨과 휴식을 주었습니다. 늦은 밤까지 고된 일을 하면서도 자기 세계를 만들어 가는 모스 아저씨의 진정 어린 삶은 어둡고 탁한 지하 터널 속에서 희망을 만들어 가는 따뜻한 감동을 줍니다.

냄새 나는 지하 터널에서 피어난 꽃

모스 아저씨는 사람들이 퇴근하여 집으로 돌아오는 저녁, 일하러 지하철로 향합니다. 꼼꼼하고 차분한 성격의 모스 아저씨는 집의 창문도 닫고, 햇볕을 쬐라고 내놓은 화분도 들여놓습니다. 모스 아저씨의 일상은 일정하면서도 고요하게 흐릅니다. 그러던 어느 날, 모스 아저씨가 낡은 지하철역을 구석구석 깨끗하게 닦으며 쓰레기를 조심스레 치우고 있는데, 지하철을 타러 온 사람들은 안으로 들어올 때마다 냄새가 난다고 말합니다.

모스 아저씨는 사람들이 한 말이 잊히지 않아 밤잠을 설치지요. 청소가 깨끗하게 되지 않았다고 생각하여 잠을 잘 수가 없습니다. 모스 아저씨는 다른 날보다 일찍 출근해서 터널 안으로 들어갑니다.

아저씨는 날마다 조금씩 시간을 내서
터널 안을 청소했습니다.

낡은 지하철역의 벽은 검은 때와 곰팡이로 가득했습니다. 모스 아저씨가 물비누로 벽에 앉은 검은 때와 곰팡이를 벗겨 내니, 파란 벽이 얼굴을 드러냈지요. 날마다 조금씩 시간을 내어 청소를 하다가 땅 위로 통하는 환기구를 발견합니다. 환기구에는 사람들이 버린 쓰레기가 모여 고약한 냄새가 났습니다. 모스 아저씨는 더 열심히 청소해 쓰레기를 말끔히 걷어 냈습니다. 그러자 환기구 안으로 환한 햇볕이 내리쬐었습니다. 그곳으로 자동차 소리와 시원한 밤바람도 들어왔지요.

꽃을 좋아하는 모스 아저씨는 좋은 생각을 떠올립니다. 환기구 안쪽에 흙을 두둑이 쌓고 집에 있던 작은 화분 속 나무를 옮겨 와 심습니다. 작은 나무가 혼자 외로울까 봐 푸른 넝쿨도 함께 심어 줍니다. 깨끗해진 지하 터널에서 나무 한 그루를 정성스럽게 키우면서 조용하게 책을 읽고 편안한 시간을 보내기도 합니다. 모스 아저씨는 나무를 심은 터널에 찾아가 날마다 청소하고 나무에 물을 주는 일도 잊지 않습니다. 사람들은 이제 지하철에서 고약한 냄새를 맡지 않아도 되었지요. 지하철을 기다리는 사람들의 표정은 한결 밝아 보입니다. 그 모습을 보는 모스 아저씨도 함께 기분이 좋아집니다. 다른 사람을 위한 배려는 자신에게도 삶의 보람을 느끼게 하고 행복감을 안겨 줍니다.

모스 아저씨는 환기구를 통해 햇빛을 받고, 비가 오는 날에는 비를 맞으며 성장하는 나무를 보면서 흐뭇해합니다. 모스 아저씨의 정성 어린 돌봄과 사랑으로 나무는 튼튼하게 자랍니다.

봄이 왔을 때, 작은 나무는 환기구를 통해 땅 위로 가지를 내밉니다. 지하 정원은 입소문을 타고 온 도시로 퍼져나갔고, 신문사에서는 사진을 찍어 내보내며 열광적인 관심을 줍니다. 그러다 시간이 지나 사람들은 차츰 아무 일도 없었던 것처럼 일상으로 돌아갔지만 모스 아저씨는 언제나처럼 나무에 물도 주고 사랑을 듬뿍 주며 키웁니다.

<u>도시 한복판에 사람들이 머물다 갈 수 있는</u>
<u>작은 쉼터가 생겨난 것입니다.</u>
<u>그리고 그 아래에는 풀 냄새 가득한 정원이 있습니다.</u>
<u>저벅, 저벅, 저벅….</u>
<u>모스 아저씨는 오늘도 승강장 청소를 마치고,</u>
<u>지하 정원으로 익숙한 발걸음을 옮깁니다.</u>

지하 정원의 나무는 모스 아저씨의 발소리를 들으며 탁 트인 하늘로 가지를 뻗습니다. 환기구에서 뻗어 나온 나무는 사람들의 쉼터가 되고 여름에는 시원한 그늘도 되어 주며 성장합니다. 모스 아저씨의 작은 배려가 사람들이 찾아와 쉴 수 있는 작은 쉼터로 바뀌었고 풀 냄새 가득한 정원이 됩니다. 냄새 나던 지하 터널은 한 사람의 노력으로 새로 태어났지요. 오늘도 아저씨는 일을 마치면 지하 정원으로 발걸음을 옮겨 작은 정원에서 편안한 휴식의 시간을 갖습니다.

행복을 나에게서
다른 곳으로 전염된다

모스 아저씨는 고단하고 힘든 일을 하는 청소부이지만 삶의 태도는 숭고합니다. 자신이 맡은 일에 대한 책임감 있는 모습, 정갈한 생활 습관과 독서 습관을 가지고 자신의 마음 돌봄을 잘하는 사람입니다.

나의 삶이 정갈할 때 보이는 것들이 있습니다. 단순하게 생각하고 마음의 여유가 있을 때 남을 배려할 수 있는 여유가 생기지요. 자신의 삶도 잘 돌볼 수 있습니다. 버려진 나무조차도 돌보아 줄 수 있는 마음의 여유, 자신만의 세계를 경건하게 만들어가는 온화한 삶이 가능하지요.

《지하 정원》속 모스 아저씨는 자신이 하는 일 속에서 작은 행복을 찾고 다른 사람들을 위한 배려가 있는 사람으로 비칩니다. 스스로 가치 있는 삶을 꾸리는 사람이지요. 배려가 싹을 틔우고, 사랑으로 성장하여 다른 사람들에게 행복한 나무 그늘을 만들어 주었습니다. 청소부 모스 아저씨가 보여준 타인을 향한 배려와 변화는 스스로 만든 품격 있는 삶입니다.

실제로 작가는 모스 아저씨를 만나고 난 뒤에 그의 삶에 깊은 감동을 받아서《지하 정원》을 지었다고 합니다. 그림책 속처럼 모스 아저씨는 청소부는 아니지만 수백 점의 그림을 그리고, 틈나는 대로 작곡 노트를 만들어 내는 걸 보고 묵묵히 자신만의 작업을 하는 삶에 영감을 받았다고 하지요. 모스 아저씨라면 분명 지하철 청소, 지하 정원을 만드는 일도 잘 해냈을 거라고 생각하면서요.

《지하 정원》 ⓒ 조선경, 보림

그림책 속 모스 아저씨는 해야 할 일을 우직하게 해내면서, 또 다른 자신만의 세계를 구축하는 모습이 존경스럽기까지 합니다. 거기에 배려까지 더해져 모스 아저씨의 삶의 가치를 밝혀주지요.

우리는 살면서 얼마나 많이 배려하고 있나요? 내 아이만큼은 사랑으로 배려하지만, 다른 집 아이와 다른 엄마에게는 얼마나 베풀고 있나요? 살면서 배려를 하는 사람을 만나게 되면 마음이 편안해집니다. 타인을 위해 힘든 일도 기꺼이 하는 사람들을 곁에 두면 기분도 좋아집니다. 모스 아저씨의 일상적인 작은 배려와 자신의 일에 대한 성실함이 세상 사람들에게 감동을 주고 작은 기적을 만드는 것처럼요.

빛도 없는 지하철 터널 속 지하 정원은 사람에 대한 관심과 사랑의 결실이었습니다. 또한, 지하 정원은 사색의 장소, 독서를 통한 배움과 성장의 시간을 만들어 주는 치유의 장소가 되었습니다. 이러한 변화는 사람들에게 심리적인 안정을 주며 생명력 있는 삶을 선사했습니다.

괜찮은 삶이란 사소한 일에도 좋은 기분을 유지하고 현재에 만족하며 의미를 부여하며 사는 삶이지요. 더불어 자신의 행복만이 아니라 타인의 행복도 존중할 수 있는 품격 있는 태도와 자세는 행복의 기술입니다.

식물이 주는 위로와 치유

사람의 성실함과 책임감은 위대해 보입니다. 묵묵히 자신의 자리를 지키며 할 일을 하는 사람을 본받고 싶습니다. 때로는 자신의 삶마저도 책임지지 않는 사람을 만나기도 하니까요. 나는 어떤 사람인가요? 부모로서 성실함과 책임감을 가지고 내 자리를 잘 지키고 있나요?

때 끼고 곰팡이 같은 생각은 살면서 이디에서니 발견될 수 있습니다. 걸레질해도 끊임없이 생기는 먼지처럼 우리 마음에도 발견되지요. 의식적으로는 잘 살아야겠다고 수없이 다짐합니다.

저는 미루지 않고 차근차근 자신의 일을 하는 모스 아저씨를 보고 수업 준비를 미루는 게으름을 반성했습니다. 저는 하루를 마무리할 때 반성적 태도로 무엇을 잘하고 보완해야 하는지 늘 체크하며 삶에 반영하려고 합니다. 모든 일을 임박하게 하다 보면 쫓기고 즐기는 마음이 없어집니다. 생활의 루틴을 만들기 위해서 미루는 습관을 버리도록 애쓰고 싶습니다.

 마음을 정갈하는 방법 중 식물을 키우기를 추천합니다. 과거에 유치원 교사 시절, 매년 식목일에 아이들에게 작은 화분에 씨앗을 심고 꽃이 돋도록 지도한 적이 있습니다. 아이들이 키우고 싶은 꽃씨를 고르고 화분에 씨를 심어 양지 바른 곳에 놓게 했지요. 아이들은 매일 아침 자신의 화분을 돌보고 가꾸는 일을 즐거워했습니다.

 아이들은 꽃씨에서 싹이 나기 시작하면 가장 신기해합니다. 단단한 흙더미 속에서 연약한 싹이 나오면 아이들은 대개 흥분하고 자랑스러워합니다. 싹이 커지면서 가느다란 줄기로 꽃이 나오면 함박웃음이 얼굴에 가득합니다. 친구와 다투거나 부모님에게 혼나서 속상하든 아침마다 자신의 화분을 보고 기분을 바꾸지요.

 요즘에는 아들과 봄이 되면 작은 화분을 삽니다. 가족이 바쁘면 집 안에 있는 꽃을 돌보는 시기를 놓칠 때가 있어서 물이 많이 필요하지 않고 생명력이 강한 나무를 집 안에 들여놓습니다. 아들은 자신이 직접 산 화분에 대한 애착이 많습니다. 자신이 직접 고른 화분을 사 주면 식물이 자라는 모습을 자주 보며 조그마한 변화가 생겨도 기뻐합니다. 꽃을 들여다보며 재잘거리는 소리가 온종일 이어질 때가 있습니다.

　식물은 아이든 어른이든 사람의 마음을 정화하는 데 좋은 역할을 합니다. 새로운 마음을 가지고 시작할 수 있는 마음을 배우게 합니다. 한 그루의 화초가 잘 자라려면 정성스런 돌봄이 필요합니다. 집 안에 키우는 화초도 적절한 햇볕과 물을 주어야 잘 자랍니다. 관심이 소홀하게 되면 화초는 잘 자라지 못합니다. 모스 아저씨도 식물이 주는 회복력, 생명의 소중함을 알고 지하에 정원을 만든 건 아닐까요?

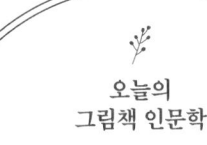

오늘의
그림책 인문학

배려

- 배려를 잘하는 사람을 만나 본 적이 있나요?
- 내가 특별히 아끼고 돌본 건 무엇일까요?
- 다른 사람을 도와주었을 때, 어떤 말을 들었나요?
- 내 마음속 때와 곰팡이는 뭘까요? 고치고 싶은 내 성격은?
- 내가 하는 일의 강점은 무엇인가요?

《지하 정원》 속 모스 아저씨는 사람들을 위해 지하 터널을 깨끗이 청소하고, 그곳에 지하 정원을 만들었습니다. 사람들을 위해 그곳에 아름다운 숲을 생각하면서 만들었을 아저씨의 고귀한 마음과 묵묵히 자기 일을 실행해 내는 삶이 무척 감동스럽습니다.

가족을 위해 음식을 맛있게 만드는 일, 잡초를 뽑고 화단을 예쁘게 가꾸는 마음, 다른 사람들과 이야기할 때 경청하는 태도, 나이가 들어도 평생 학습을 실천하며 배움과 성장을 위해 노력하는 삶은 인생의 강점이 될 수 있습니다.

• 더 읽으면 좋은 책

《굿 라이프》

자기 행복만이 아니라
타인의 행복도 존중하는 품격 있는
인간의 태도와 자세가, 바로 행복한 삶의 기술이다.

―

최인철 지음, 21세기북스

균형 있는 삶, 가치 있는 삶

행복한 사람이 되기 위해 필요한 삶의 기술이 있습니다. 고요히 침묵하며 자신을 성찰하고, 자신의 행복만 욕심내는 게 아니라 타인의 행복도 함께 고민할 수 있는 삶의 태도가 바로 그것입니다.

행복은 각자가 만든 프레임 속에서 이끌려 갑니다. 행복을 찾는 균형 감각은 좋은 삶으로 안내하지요. 굿 라이프는 행복한 삶, 의미 있는 삶, 품격 있는 삶입니다. 행복한 삶은 남의 시선과 기대에 연연하지 않고 자신의 소리에 귀를 기울이는 삶이지요. 무엇보다 행복은 긍정적인 삶의 자세가 중요합니다.

이 책은 현재를 만족하며 자기의 행복을 추구하는 건 삶 전체의 의미와 가치를 추구하는 일이라고 말합니다. 의미 있는 삶은 자기 삶의 목적뿐만 아니라 세상에 대한 소명 의식도 가져야 한다고요. 결국 굿 라이프는 의미 있는 일을 하며 사는 삶을 말하지요. 그렇게 품격 있는 삶은 다른 사람의 삶도 바꿀 수 있는 힘이 있고 늘 감사하는 마음을 갖습니다.

가치 있는 삶을 사는 10가지 방법

1. 잘하는 일보다 좋아하는 일을 한다.
2. 되어야 하는 나보다 되고 싶은 나를 본다.
3. 비교하지 않는다.
4. 돈의 힘보다 관계의 힘을 믿는다.
5. 소유보다 경험을 산다.
6. 돈으로 이야깃거리를 산다.
7. 돈으로 시간을 산다.
8. 걷고 명상하고 여행한다.
9. 소소한 즐거움을 자주 발견한다.
10. 비움으로 채운다.

3장
치유

: 엄마를
위한
다독임

11.
바쁜 일상에 치여 산다면

《잃어버린 영혼》
바쁜 일상에서
찾아야 하는 여유에 대하여

올가 토카르축 글 | 요안나 콘세이요 그림 | 이지원 옮김 | 사계절

《잃어버린 영혼》은 틀에 박힌 일상과 쫓기듯 바쁘고 긴박한 디지털 시대를 살아가는 현대인에게 '여유'를 사유하게 합니다. 우리에게 진심 어린 마음의 충전을 권하고 있습니다. 느리게 살면서도 일정한 삶의 속도를 조절할 줄 아는 의미 있는 시간을 보내고 있는지, 바쁘게 쫓기는 인생을 살고 있지는 않은지 생각하게 합니다. 바쁘게 살면 영혼이 지치고 메마르기 때문입니다.

바쁜 일상에서 쉴 공간이 필요합니다. 공간은 '장소'이기도 하지만 어떤 물질이나 물체가 존재하게 하는 심리적 영역, 즉 '마음의 영역'이기도 합니다. 그 영역 안에서 벌어지는 일은 무궁무진합니다. 그런데 너무 바쁘게 살다 보면 마음의 영역에서 움직임이 느껴지지 않을 때가 있습니다. 마치 영혼을 잃어버린 것처럼 말이지요.

속도가 빠르면
영혼이 따라오지 못한다

《잃어버린 영혼》의 작가 토카르축은 철학적인 삶의 의미를 섬세한 필체로 우리에게 질문을 던지고 있습니다. 눈앞에 보이지는 않지만 모든 사물에 깃든 기억과 스스로 자각할 수 있는 실존의 중요성에 대한 인생의 본질을 생각하도록 이끕니다.

"누군가 위에서 우리를 내려다본다면, 세상은 땀 흘리고 지치고 바쁘게 뛰어다니는 사람들로, 그리고 그들을 놓친 영혼들로 가득 차 보일 거예요. 영혼은 주인의 속도를 따라갈 수 없으니까요."

삶의 본질을 파고든 토카르축의 글과 콘세이요의 흑연 질감의 연필 그림은 부드럽게 조화를 이뤄 작품 속으로 빠져들게 합니다. 흑연필 그림은 흑백사진을 연상시켜 우리로 하여금 그리움의 시간을 찾아가게 합니다. 독자들로 하여금 느리게 감상하게 만들면서 무한한 생각이 흐르도록 유도하지요. 어느 날 오래된 책꽂이에서 낡은 사진 한 장을 발견했을 때, 잊었던 추억을 기억하게 하듯 지치고 바쁘게 살아가는 사람들에게 느린 영혼의 시간을 선사합니다.

표지에 그려진 낡은 가방은 차곡차곡 쌓여져 있는 인생의 스토리를

《잃어버린 영혼》ⓒ 올가 토카르축 글, 요안나 콘세이요 그림, 이지원 옮김, 사계절

드러냅니다. 낡은 재킷에서는 살아온 삶의 흔적이, 초록빛의 베고니아 잎에서는 희망이 느껴집니다. 초록빛은 잃어버린 영혼의 추억 속으로 떠나는 그리움의 빛깔입니다. 초록 나뭇잎이 자라고 있는 시간은 고요합니다.

영혼을 잃어버린
남자가 제일 먼저 한 일

한 남자는 일을 아주 많이 하고, 빨리 할 수 있었습니다. 바쁘게 살다 보니 생각할 겨를도 없이 무의미한 시간을 보냈습니다. 늘 반복적으로 먹고 마시고 운전하고 직장에 다니고 테니스를 쳤지만 가끔 주위가 이상할 정도로 공허감이 느껴졌습니다. 마치 수학 공책의 가지런한 모눈종이처럼 말이지요.

어떤 사람이 있었습니다.
일을 아주 많이, 빨리 하는 사람이었지요.
영혼은 어딘가 멀리 두고 온 지 오래였습니다.

출장길의 호텔 방에서 잠이 깬 남자는 숨이 막힐 것만 같은 기분이 들었습니다. 자신이 어디에 있는지도 알 수 없었고, 무슨 일로, 어떻게 그곳에 간 건지 전혀 기억이 나지 않았습니다. 그는 자신의 이름조차도 잊어버렸습니다. 그는 말을 할 수 없었고, 침묵할 수밖에 없었습니다. 살아 숨 쉬어야 하는 그의 몸속에는 생명의 기운을 전혀 느낄 수 없었고 자신 모습조차도 뿌옇게 변하고 있음을 느꼈습니다. 자신의 이름조차도 기억나지 않는다니… 이런 순간을 만나게 된다면 인생을 자신이 통제하거나 조절할 수도 없게 된 상태까지 이르렀다고 보지요.

텅 빈 그에게 현명한 의사는 뜻밖의 말을 해 줍니다. 당신의 영혼이 당신의 속도를 따라갈 수 없어서 영혼이 떠났다고요. 그래서 당신은 마음을 가질 수 없게 되었다고 말이지요.

만약 내 영혼이 나를 떠난다면 어떤 기분일까요? 영혼을 잃어버렸다는 사실조차 모른다면 어떻게 될까요? 영혼을 잃어버리고 내 자신이 어떤 사람인지조차 모르게 된다면, 아무것도 알 수 없는 처지가 된다면, 그것만큼 슬픈 인생이 어디 있을까요?

바쁘게 살다 보면 영혼 없이 어떤 일을 처리하고, 먹고, 자고, 살아 낼 때가 있지 않은가요? 바쁜 현대인의 자화상처럼 일하는 우리에게 익숙한 느낌일 겁니다.

현명한 의사는 다시 남자에게 사람들이 영혼을 잃어버리는 이유는 바쁘게 생활하고 살아가는 동안, 영혼이 너무 천천히 움직이기 때문에 생긴 일이라고 알려 줍니다. 몸과 영혼의 속도가 다르니 처방할 약도 필요 없고 그저 당신만의 장소를 찾아가 영혼을 조용히 기다리면 된다고 말이지요.

남자는 바쁘게 살던 도시를 떠나 변두리의 작은 집을 구해, 매일 의자에 앉아 영혼이 오기만을 기다립니다. 다른 일은 아무것도 하지 않고, 많은 날을 자신의 영혼이 돌아오기를 기다립니다. 마음을 내려놓고 지나가는 시간을 기다린다는 건 오랜 인내가 필요한 일이지요. 그러나 영혼이 없는데 별수 있나요. 남자는 특별하고 간절한 순간들을 떠올리며 영혼을 만나기를 기다립니다. 오랜 시간 침묵하며 말이지요. 모눈종이 위로 펼쳐지는 흐릿한 그림은 남자가 어떤 모습인지 모르는 자신의 영혼을 맞이할 모습을 보여줍니다.

집 앞에 놓여 있던 오래된 나무의 정취로 남자의 빛바랜 추억을 비춰줍니다. 가족과 함께 머물던 낡은 벤치의 모습, 부인과 춤을 추며 흥겨웠던 남자의 순간으로 우리를 쫓아가게 하지요. 남자의 행복했던 순간은 사라지고 영혼은 더 깊고 깊은 행복한 과거로 스며듭니다. 남자의 어린 시절로 돌아가 티 없이 살던 순간을 기억하게 합니다. 단순하지만 복잡하지 않고 지치지도 않았고 바쁘게 뛰지 않아도 되는 순수했던 어린 시절 남자의 영혼과 만납니다.

다시 저녁이면 창가에서 석양이 지는 모습을 바라보며 오래도록 기다림의 시간에 머뭅니다. 그 속에서 남자는 영혼을 기다리며 간절한 마음으로 베고니아 나무를 키우고 있습니다. 기다리는 시간만큼 나무는 자라겠지요.

그토록 바라던 남자의 영혼은 오랜 시간이 흘러 남자에게로 돌아왔습니다. 지쳐 있고 더러웠지만 어린 시절의 모습처럼 순수한 모습으로 찾아왔습니다.

남자는 다시는 영혼이 따라 올 수 없는 속도로는 살지 않았지요. 그를 힘들게 했던 바쁜 순간들의 기억, 쳇바퀴처럼 돌게 했던 시계, 바쁜 일정을 소화했던 트렁크조차도 전부 땅에 파묻어 버렸으니까요.

느리게 살아도 괜찮다

당신은 하루하루를 어떻게 살고 있나요? 바쁘고 지치도록 열심히 살아내느라 영혼을 돌볼 겨를도 없이 살고 있지는 않나요?

《잃어버린 영혼》은 지치고 바쁘게 보낸 우리에게 이러한 위로의 말을 건넵니다.

"천천히 느리게 함께 가요."
"우리에게는 인생의 속도가 필요해요."

당신은 당신의 영혼과 이야기를 나누며 걸어갈 수 있는 인생의 속도를 찾고 싶지 않나요? 나와 내 영혼이 오랫동안 행복하게 지낼 수 있는 시간의 속도를 맞춰 사는 것, 여유로운 인생의 속도말입니다. 여유롭게 나의 영혼과 이야기를 나누는 모습은 감동일 겁니다.

《잃어버린 영혼》은 바빠서 일상이 삐거덕거릴 때, 우리에게 필요한 여유에 대해 말합니다. 아이들이 이 책을 읽으면 어른들의 번아웃, 무기력함을 미리 짐작해 볼 수 있겠지요. 이 그림책을 읽은 어른들은 생각이 많아지고, 가슴 한쪽이 먹먹해지겠고요. 어른을 위한 그림책은 세상 경험을 한 어른들에게 성숙의 시간, 인생을 어떻게 살아야 하는지, 잃어버린 어떤 것에 대한 깊은 성찰을 주지요. 스스로 결핍된 무언가를 발견하도록 감정을 두들기고 기억을 불러오게 합니다.

다정한 친구, 소중한 가족, 자신을 되돌아보는 시간도 없이 목적만 향해 앞으로 나아간다면, 점검도 없이 바쁘게만 살고 있다면 잃어버리는 것이 많을 겁니다.

일상이 쳇바퀴 돌듯 반복되고 있지 않나요? 지치고 바쁘게 살고 있다고 느낄 때 쉴 수 있는 공간을 만들고 지치지 않도록 마음을 쉬어가면 어떨까요?

바쁘게 살면서 이리저리 치여서 영혼을 잃어버린 듯 공허함을 느낀다면 잠시 멈춰 서서 회복의 시간을 갖아야 합니다. 때론 사랑받았던 시간 속에서, 따뜻했던 회복의 장소에서 마음을 기다려야 합니다. 느리지만 충만한 영혼으로 여유 있게 사는 삶이 우리에게 필요합니다.

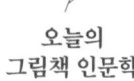

오늘의
그림책 인문학

위로

- 살아 온 순간을 기억하지 못하게 된다면 어떨 것 같나요?
- 지쳤을 때 어떤 방법으로 나를 위로하나요?
- 지쳐 있는 나에게 해 주고 싶은 위로의 말은?
- 나의 영혼이 색깔이 있다면 어떤 색깔일까요?
- 내 인생의 의미 있는 일은 무엇인가요?

《잃어버린 영혼》의 가르침처럼 바쁜 일상 속에서도 자기 돌봄을 잊지 말아야 합니다. 평온한 마음으로 일상을 살아가도록 노력하는 게 자신을 돌보는 삶을 실천하는 겁니다. 지금 나의 영혼이 천천히 나와 함께 여유로운 순간을 즐길 수 있도록 시간을 가져보는 건 어떨까요?

행복은 "탁월성에 따른 영혼의 활동"이라고 아리스토텔레스는 말했습니다. 영혼이 일을 잘할 수 있도록 도와주어야 합니다. 자유롭고 능동적으로 해야 할 일을 탁월하게 수행할 때 참 행복을 살 수 있다고 봅니다.

• **더 읽으면 좋은 책**

《내 마음을 돌보는 시간》

평온한 마음으로 일상을 살아가고 싶다면
자기 마음을 살피는 법을 배워야 합니다.

김혜령 지음, 가나출판사

마음의 운전대를 잘 잡는 법

이 책은 삐걱거리는 마음을 알아차리는 법, 나를 위협하는 감정이나 생각을 점검하는 법, 사람들과의 관계로부터 나를 단단하게 지켜내는 법을 알려 줍니다.

걱정은 누구나 있지만, 자신의 감정을 알아차리고 사용하는 데 서툴 때가 있습니다. 하루를 편안하게 보낼 때도 있지만 감정의 기복이 주체할 수 없을 정도로 일상이 삐걱거릴 때도 있습니다. 사랑하는 가족과의 관계에서, 자주 만나는 직장 동료와의 관계에서도 감정을 통제 못 할 때가 있지요. 자신뿐 아니라 타인에게도 상처받기도 하고 상처를 준다면 마음의 운전대를 잘 잡고 있지 못한 탓입니다. 쉽게 휩쓸리지 않아야 온화함을 유지하고 마음의 기술을 활용할 수 있습니다.

우리는 생존을 위해 살아갑니다. 현대인들은 뇌를 힘들게 사용하며 불안해하고 부정적인 경향성을 갖습니다. 쓸데없는 걱정거리에 마음을 빼앗기지 말고 자신의 감정을 긍정적이고 민감하게 알아차리는 것이 중요합니다. 내가 진짜 원하는 삶의 가치는 무엇인가요?

　이 책은 나를 위한 긍정적인 감정을 선택하고 '현재'의 나를 바라보는 것이 마음 챙김을 하는 효과적인 방법이라고 제시해 줍니다. 우리가 언제 마음을 힘들어하는지 나의 마음 습관을 알고 대처할 수 있다면 마음은 평온해질 겁니다.

마음을 단단하게 하는 10가지 방법

1. 비극적인 이야기에 자신을 밀어 넣지 않는다.
2. 기꺼이 이상한 사람으로 살아갈 용기가 필요하다.
3. 마음이 자율주행모드로 달리도록 내버려 두지 않는다.
4. 나를 이해할 때 나를 지킬 수 있다.
5. 쓸데 없는 걱정거리에 마음을 빼앗기지 않는다.
6. 불안을 있는 그대로 마주할 수 있는 용기를 갖는다.
7. 자신을 판단하지 않고 비난하지 않는다.
8. 산만하고 불안할 때 마음에 휴식을 갖는다.
9. 몸이 하는 말에 귀를 기울인다.
10. 불안에 중독되지 않는다.

12.
완벽한 사람은 어디에도 없다

《완벽한 아이 팔아요》

도달할 수 없는 욕망을 쫓는
허망함에 대하여

미카엘 에스코피아 글 | 마티외 모데 그림 | 박선주 옮김 | 길벗스쿨

'완벽한 아이를 판다'라니 재미있는 제목이지요? 표지에 아이가 카트에 있는 모습을 보면, 마트에서 종종 볼 수 있는 모습이겠거니 싶지만, 정말 이 책은 아이를 마트에서 사는 이야기를 다루고 있습니다.

첫 장을 보는 순간, 기발한 설정에 웃음이 납니다. 간판에는 온통 아이 특가 세일 문구 광고가 있습니다. 쌍둥이 특가 세일, 우리나라 1등 아이 할인점! 둘째는 단돈 1유로입니다. 5명 구매 시 무료 배송 혜택까지!

《완벽한 아이 팔아요》의 주인공 뒤프레 부부는 아이를 사기 위해 설

어느 화창한 날,
뒤프레 부부는 아이 마트를 찾았어요.

《완벽한 아이 팔아요》 © 미카엘 에스코피아 글, 마티외 모데 그림, 박선주 옮김, 길벗스쿨

레는 마음으로 '아이 마트'에 가지요. 점원이 음악 특기생, 천재를 보여 주는데, 부부는 단호히 '완벽한 아이'를 사러 왔다고 말합니다. 마트에는 인기 많은 완벽한 아이가 겨우 한 명 남아 있었어요. 그 아이의 이름은 '바티스트'였습니다. 부부는 완벽한 아이를 만나 운이 좋다고 생각했습니다. 뒤프레 부부는 완벽한 아이를 사서 집으로 옵니다. 세상에, 완벽한 아이라니…. 이 책이 무슨 말을 하고 있는지 '완벽'이란 말을 듣자마자 감이 오시나요?

완벽한 사람이 이 세상에 있을까요? 짐짓 완벽을 추구하는 사람은 있겠지요. 그런 사람은 자신이 모든 일을 완벽하게 해야 한다고 생각하고 행동하니 피로감이 많겠지요. 완벽하기 위해서는 시간과 정성이 필요하니까요. 완벽하지 않으면 도리어 마음이 힘들어지는 사람들을 '완벽주의자'라고 합니다.

제 친구 중에 완벽주의자가 있었어요. 완벽한 시간을 위해 친구를 만날 시간을 빼더라고요. 완벽은 몰입도 필요하기 때문에 의외로 사소한 걸 놓치더라고요. 자신의 완벽한 시간이 가장 우선이기 때문에, 다른 사람이 자신 때문에 피해를 보는 상황을 놓치기도 하고, 마음을 읽지 못해 상처를 주기도 했지요. 의미 없다고 생각하는 일상생활이 순위에서 뒤로 밀려나다 보니 일을 가장 가치 있다고 생각하고 일 중독자로 살았어요. 완벽하게 일을 처리하지 못하면 엄청난 스트레스를 받았지요. 훗날 마음 공부를 해서 많이 나아지긴 했지만, 당시에 그 친구를 옆에서 보는 게 안타까웠어요.

완벽하다는
착각

아이들과 《완벽한 아이 팔아요》를 함께 읽고 '완벽한 아이'에 대해 어떻게 생각하는지 아이들에게 물었더니, 이런 반응이 나왔습니다.

"완벽한 아이가 어디 있어요?"
"완벽한 아이는 뭐든지 잘하나요?"
"완벽한 아이는 화장실도 안 가나요?"
"완벽한 아이는 친구가 없어도 되겠네요!"

아이들조차 완벽하다는 것이 불가능하다고 인지하고 있었지요. 늘 자신만만한 아이들인 줄 알았는데, 의외로 자기 객관화가 잘 되어 있지 뭐예요? 그런데 어른인 부모가 완벽을 추구하면 아이는 어떻게 될까요?

완벽하고 깔끔한 부모에게서 자라는 아이는 늘 잘하려고 하고, 그럴 때마다 마음의 부담이 느껴지고 불안해합니다. 실수할까 봐 시도 때도 없이 잘했냐고 묻기도 하지요. 이런 아이들은 수시로 치우고 어질러 놓는 걸 싫어합니다. 놀다가도 반듯하게 정리하려고 하지요. 뭐 하나라도 제대로 되어 있지 않으면 안절부절 못하거나 다른 사람에게 공격적인 말로 속상한 마음을 표출하려는 마음 기제를 사용하기도 합니다.

특별히 완벽에 집착하는 성향으로 태어난 아이들도 있지만 대개 아이들은 주변을 어질러 놓거나 쌓아 놓거나 정리가 잘 안 되는 게 정상이에요. 어린이집이나 유치원에서도 대부분 공동생활이니 정리하면서 놀기를 가르치니까 정리하는 습관을 차근히 배울 수 있으니 걱정 마세요. 다만, 이건 완벽하다기보다는 바른 생활 습관이므로 어릴 때부터 몸에 익으면 좋습니다. 집에서 놀이를 하고, 정리 정돈하는 것까지 놀이의 일부로 가르쳐야 습관을 형성할 수 있어요. 안 그러면 초등학교 고학년이 되어도 자기 물건을 정리하지 못하지요. 초등학교 고학년 때뿐인가요? 장성해서도 마찬가지지요.

완벽한 바티스트의 반전

완벽한 아이를 사서 집으로 돌아온 뒤프레 부부의 이야기로 다시 돌아가 볼게요.

집에 온 첫날부터 바티스트는 부모님의 마음에 꼭 들게 행동했어요. 뒤프레 부부는 완벽한 아이의 모습에 보기만 해도 흐뭇합니다.

"밥투정하지 않고 잘 먹는구나!"
"흘리지도 않고!"
"혼자서도 잘 노네!"
"얌전하기까지 해!"
"잠도 일찍 들고!"

세상의 아이들과는 다르게 밥투정하지도 않고, 흘리지도 않고, 혼자서도 잘 놉니다. 부부는 얌전하기까지 하고 잠도 일찍 자는 완벽한 아이라고 생각하며 좋아합니다. 정말 완벽한 아이네요.

우리 아이가 조금 더 잘났으면 좋겠고, 다른 아이보다 뛰어났으면 좋겠고, 모든 것이 갖춰졌으면 좋겠다는 욕망은 부모에게 한번쯤 드는 생각이라 생각합니다. 이 책의 뒤프레 부부가 그런 욕망을 드러내 주고 있지요. 그런데 부모는 완벽한 아이가 있으면 정말 마음 편하게 아이를 양육하게 될까요?

대개 아이들이 투정을 하면 부모의 마음은 힘듭니다. 그럴 때 어떻게 훈육해야 할지 어렵지요. 옆집 아이는 얌전해서 투정도 없이 엄마, 아빠 말을 잘 듣는다는 말에 부러워지는 마음이 슬그머니 들지도 모릅니다. 그럼 뒤프레 부부와 같은 욕망이 생기는 거예요.

그런데 바티스트는 혼자 노는 것도 잘합니다. 우리 아이는 심심해 할 때마다 옆에서 놀아 주고 따라 다녀야 하는데 말이지요. 완벽한 아이, 바티스트는 노는 것도 잠을 자는 것도 완벽 그 자체입니다. 잠을 재우느라 수고를 하지 않아도, 따로 놀아주지 않아도 됩니다. 이런 아이를 부모는 좋아하겠지요. 완벽한 아이는 흠 잡을 데가 없습니다.

지나가는 사람들한테 인사도 잘하는 예의 바른 아이이고, 학교에서는 부족한 게 하나도 없이 공부도 잘하고, 아이답지 않게 투정 부리거나 소리 지르는 일 한 번 없습니다.

냉장고에 먹을 것이 없어도 괜찮고, 밥은 내일 먹으면 된다고 말하며 웃음을 잃지 않지요. 저는 이 부분에서 배가 고프면 유난히 참지 못하고 떼쓰던 제 아이가 생각났습니다. 그런데 배가 고플 때 잘 참는 아이는 몇 없을 겁니다. 배고프면 당연히 표현해야지요.

바티스트가 정말 완벽해 보이나요? 로봇처럼 느껴지지 않나요? 아이라면 자고로 모든 것이 서툴러서 실수하고 잘못하는 일이 빈번해야 배우는데 말이에요. 그래서 책을 읽다 보면 완벽한 아이에 대해서 무슨 이야기를 하려는 걸까 궁금해지지요.

사건은 바티스트의 학교 축제날 벌어집니다. 뒤프레 부인은 바티스트에게 축제날이라며 꿀벌 의상을 챙겨 주었습니다. 소리 나는 더듬이까지 씌워 줬지요.

신이 나서 교실에 들어간 바티스트는 깜짝 놀랍니다. 반 친구들은 평상시와 같은 모습이었고, 바티스트 혼자 축제 의상을 입고 있었지요. 아이들은 바티스트의 모습을 보고 계속 웃습니다. 바티스트는 아무 말도 안 하고 고개를 숙이며 집으로 옵니다.

집에 돌아온 아이는 과연 어떻게 했을까요?

"축제는 다음 주란 말이에요! 오늘은 단체 사진을 찍는 날이었다고요 오오오오오오!"

비로소 아이다운 모습이 보여집니다. 화를 내면서 축제가 다음 주라고 말하며 엄마가 씌어 준 소리 나는 더듬이 머리띠를 집어 던지지요. 단체 사진 찍는 것까지 망쳐 버렸다고 화를 냅니다. 완벽한 아이가 화를 내다니, 엄마와 아빠는 당황스러워합니다.

저는 이 장면에서 '그래, 드디어 아이다운 모습이 나오는 구나!' 하며 속이 시원했지요. 세상에 완벽한 아이는 없으니까요.

완벽한 부모를 찾아요

앞에서 말했듯, 완벽한 사람은 존재하지 않습니다. 내가 아이에게 바라는 것이 많을 때, 역지사지로 생각해 보세요. 바티스트의 부모는 완벽한 부모일까요?

나는 아이가 원하는 완벽한 부모인지 생각해 보세요. 아이의 입장에서 끼니 때마다 아이가 좋아하는 밥을 해 주고, 좋아하는 옷을 사 주고, 주말이면 놀이동산이나 여행을 가는 부모인가요? 아니면 아이가 좋아하는 용돈을 넉넉히 주는 부모, 언제나 잘했다고 말해 주는 완벽한 부모인가요? 부모를 파는 대형 마트가 있다면 이런 완벽한 부모는 아이가 좋아하는 첫 번째 판매 상품이 되겠지요.

부모는 원해서 아이를 만났지만, 우리 아이들은 그렇지 않잖아요. 아이가 만약 부모를 선택할 수 있다면, 어떤 부모를 선택할까요? 아이에게 쉽지 않은 일을 강요하는 건 아닐까요? 완벽한 아이를 꿈꾸는 게 아니라 좋은 부모가 되기 위해 얼마나 노력하고 있는지 생각해 볼 필요가 있습니다. 서로의 부족함을 인정하고 자연스럽게 받아들일 수 있을 때 가족이 편안해지지 않을까요?

《완벽한 아이 팔아요》는 마트에서 물건 사듯이 부모의 욕망대로 완벽한 아이를 산다는 설정이었지만, 부모들이 아이에게 바라는 게 진정 무엇이어야 하는지 일깨워 줍니다. 부모가 원하는 아이, 아이가 원하는 부모, 거울처럼 서로 바라볼 수 있도록 도와줍니다. 어른이라고 당연하다고 생각하는 말이나 행동들이 아이들에게는 상처를 주는 일은 아니었는지 부모로서 생각하게 만듭니다.

아이는 부모가 보여 주는 세상을 보고 자랍니다. 자녀에게 세상을 스스로 잘 개척해 나가도록 알려 주는 사람이 부모입니다. 내 아이를 잘 키우는 최선의 교육법을 찾고 싶은 사람도 부모입니다. 부모의 가치관에 따라 아이를 양육하는 방식도 차이가 있습니다.

그렇다면 자녀가 스스로 믿고 버틸 힘을 가질 수 있게 도와주는 전략이 필요하겠지요. 세상에 똑같은 아이는 절대 없습니다. 모두가 다르게 인정받아야 하지요. 아이가 삶을 스스로 스케치하고 꾸며 나갈 수 있도록 용기를 주어야 합니다.

이 책을 읽고 엄마들과 모임을 가졌을 때의 일입니다. 엄마들은 《완벽한 아이 팔아요》를 읽고 자신이 아이에게 너무 완벽을 원한 것은 아니었는지 부끄럽다고 고백했습니다. 친구와 잘 어울리지 못하면 적극적으로 놀라고 말하고, 바쁘다고 아이를 제대로 챙기지 못한 적도 있는데 아이가 잘못하는 행동에 대해서는 무시하기도 해서 미안하다고 했습니다. 아이를 기다려 주지 못하고 여유 없는 행동을 하고 다그친 적도 있으니 엄마로서 옳은 일을 하지 않는다는 생각이 든다고 했지요. 어떤 엄마의 아이는 자신이 엄마가 되면, 똑같이 자기 아이에게 완벽해지라고 잔소리할 거라는 말을 했다고 슬픈 이야기를 전했지요.

저는 자녀에게 메시지를 보내 '완벽한 부모란 어떤 사람일까?'라는 답장을 받아 보게 했습니다. 답장은 이러했습니다.

"완벽한 부모는 잘 소통하는 사람"
"무슨 일이든 응원해 주는 사람"
"신경 써 주는 사람"

아이들의 답을 들어 보니 부모는 지지해 주고 응원해 주는 사람 같습니다. 아이가 아이답게 잘 자랄 수 있도록 기다려 주고 믿어 주는 존재 말이지요. 아이들도 부모에게 그걸 원하니까요.

오늘의
그림책 인문학

완벽

- 완벽한 아이는 어떤 아이라고 생각하나요?
- 부모로서 아이에게 어떤 말을 자주 하나요?
- 아이가 나를 힘들게 할 때 어떤 방법으로 해결하나요?
- 아이는 어떤 부모를 원할까요?
- 가족이 행복하기 위해서 가장 중요한 것은 무엇일까요?

모든 부모가 부모로 사는 인생이 처음입니다. 그래서 서툴 수밖에 없지요. 부모에게 양육 방식을 배웠지만 모든 아이에게 똑같이 적용할 순 없거든요. 절대 완벽할 수 없습니다. 그렇기에 우리 모두 불완전하지만 서로 인정하고 약점도 감싸주면서 완전한 가족을 이루는 게 아닐까요.

• 더 읽으면 좋은 책

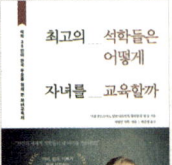

《최고의 석학들은 어떻게 자녀를 교육할까》

"아이를 자신의 방식으로 걷게 하라,
그리하면 성장하면서 자연스럽게
자신의 길을 걷게 되리라.

―

마셜 골드스미스 외 지음, 박준형 옮김, 북클라우드

당신이 보여 주는 세계만큼 아이는 자란다

이 책은 35인의 세계적인 석학들의 이야기를 통해 현명한 부모라면 자녀를 어떻게 키워야 하는지 알려 줍니다. 최고의 지혜는 '무엇을' 가르치는 게 아닌 '어떻게' 생각하는 법을 가르치는 거라고 말이지요. 흔들리지 않는 내면 교육, 아이를 행복하게 가르치는 법이 담긴 품격 있는 부모계발서입니다.

부모가 되는 순간, 우리는 자녀가 단단한 내면을 가지고 성장하며 자신의 존재 가치를 확고하게 하기를 바랍니다. 부모로서 그를 위해 이끌어야 하지요. 그 안에서 '단 하나의 정답'이 없는 교육, 내 아이에게 맞는 적합한 교육을 찾아가는 게 중요합니다. 부모는 가르치려고 하기보다 자녀의 이야기를 듣고 아이를 위한 실용적 제안을 하는 편이 좋습니다. 사회, 경제, 과학, 예술 등 각 분야의 권위자들이 어떻게 자녀를 교육하는지 살펴 '부모 성장 프로젝트'를 진행하길 바랍니다.

품격 있는 부모, 성장하는 아이를 위한 말

1. 모든 걸 멈추고 생각할 시간을 가져라. -케빈 레인 켈러
2. 언젠가 실패할 아이에게 똑똑하게 실패하는 법을 알려 줘라. -벤 마이클리스
3. 수다스러운 부모가 똑똑한 아이를 키운다. -토마소 포지오
4. 일을 놀이처럼 즐기는 부모에게서 공부를 놀이처럼 즐기는 아이가 자란다. -조쉬 링크너
5. 흔들리지 않는 아이로 키우려면 자존감 수업이 필요하다. -마리사 피어
6. 아이에게 자신감이라는 나침반과 무기를 주어라. -조엘 페터슨
7. 육아도 엄마의 리더십과 경영이 필요하다. - 쉘린 리
8. 디자인과 육아는 같다. 아이의 삶을 스케치하라. -지안프랑코 자카이

13.
가족이라는
최고의 치료제

《개미 요정의 선물》
시공간을 초월해
언제나 함께하고 싶은 가족에 대하여

신선미 글·그림 | 창비

가족은 혈연, 혼인이라는 관계로 엮여 일상생활을 함께하는 존재입니다. 관계를 통해 가족이라는 의미를 깨닫고, 누구보다 가깝지만 긍정적인 영향도 부정적인 영향을 줄 수 있는 존재입니다.

요즘은 가족의 의미가 많이 변하고 있습니다. 혼자 사는 사람도 많고, '조립식 가족'이라고 해서 혈연이 아니여도 여러 관계로 모여 가족을 이루기도 합니다. 예전처럼 3대가 함께 사는 가족은 보기도 쉽지 않지요.

가족은 자녀가 자라서 사회화를 준비하는 기초적인 도움을 줄 수 있는 존재들입니다. 특히, 아이가 어렸을 때 겪는 가족은 평생 가족의 이미지를 각인시키지요.

'가족의 의미'에 대해 아이들에게 물었습니다. 아이의 대답은 이랬습니다.

"가족은 사랑이요."
"가족은 울타리요."
"가족은 따뜻한 햇빛이요."
"가족은 호빵 같아요."

아이들은 가족을 사랑을 나누며 사는 사람들, 안전하게 보호해 주는 울타리, 따뜻하게 비춰 주는 햇빛과 같다고 말했습니다. 호빵 같다는 어떤 아이의 대답처럼 가족은 말랑말랑하게 마음도 달래 주고 단팥처럼 달콤한 관계이기도 합니다. 사실, 아이에게 왜 호빵이냐고 물었더니, 정말 가족과 같이 먹은 호빵이 생각나서 그랬다고 대답했지만요.

그런데 만약 아이가 "가족은 가시 같아요"라고 표현한다면, 그 아이는 어떤 경험을 했다고 유추할 수 있을까요? 뾰족뾰족한 가시가 좋은 표현은 아니지요. 아빠에게 혼이 났거나 엄마가 화날 때 내는 날카로운 소리를 연상하지 않았을까요? 아이들은 자신의 상황에 따라 가족이라는 의미를 기억하니까요.

보고 있으면 웃음이 나는 가족

《개미 요정의 선물》은 가족의 의미, 소중함을 되새겨 볼 수 있는 이야기입니다.

우선, 그림과 색감이 무척 편안하고 정겨운 느낌을 줍니다. 표지 속 엄마를 보면 그리움을 느끼게도 합니다. 한복을 입고 있는 아름다운 엄마의 모습 속에서 전통미를 발견할 수 있지요. 가족에 대한 그림책이 많지만 그중에서도 이 책을 소개하는 이유도 한복, 보자기 꽃신, 장옷 등 전통을 이해할 수 있는 그림이 담겼기 때문입니다.

《개미 요정의 선물》의 엄마가 빛바랜 사진첩을 보고 있습니다. 아주 오래된 사진첩은 빛바랜 것처럼 아주 오랜 감정이 그리움으로 가득합니다. 자신의 나이를 지나온 엄마를 생각하며 사진을 보고 웃음을 짓습니다. 엄마가 사진첩을 보는 옆에 누운 앙증맞은 고양이는 우리의 시선을 훔칩니다.

할머니도 사진첩을 봅니다. 할머니는 지난 날 바빠서 엄마를 제대로 돌보지 못했다고 아쉬워하지요. 그 모습을 본 아이는 옛날을 그리워하는 엄마와 할머니를 기쁘게 하기 위해 개미 요정을 부릅니다.

개미 요정은 바로, 요술 램프 지니처럼 소원을 들어주지요. 엄마와 할머니의 그리운 시간을 다시 만나게 하기 위해 '특별한 장옷'을 만들어 줍니다. 개미 요정이 만든 옷을 입으면 만나고 싶은 사람을 만날 수 있습니다. 특별한 장옷은 바로, '시간 여행'을 할 수 있는 투명 장옷이었지요.

투명 장옷이라는 개미 요정의 따뜻한 마력은 일상을 마법으로 만들어 주는 삶의 활력을 선사합니다. 듣기만 해도 가슴 설레지요. 엄마와 할머니는 투명 장옷을 만져보고 쳐다봅니다. 추억의 시간 속으로 들어가고 싶은 간절한 엄마와 할머니의 바람이 담긴 눈으로 말이지요. 열두 시가 되면 마법이 시작됩니다.

할머니는 손주에게 각별한 인사를 하고, 그리운 시간 속으로 가는 전에 그곳에서 만날 누군가를 위해 도시락까지 싸갑니다.

시간 여행을 떠난 엄마와 할머니는 그곳에서 과연 누구를 만날까요?

아끼지 않고 해야 하는
사랑한다는 말

저에게는 개미 요정이 만들어 준 특별한 장옷은 없지만, 간절할 때 만나게 되는 '추억'이라는 저장 창고가 있습니다. 슬플 때 눈물을 마르게 해 주고, 속상할 때 위로의 샘을 퐁퐁 솟게 해 주고, 아플 때는 어린 시절 배를 쓰다듬어 주던 그 손길을 추억 속에서 만나곤 합니다.

《개미 요정의 선물》에서는 아이가 개미 요정에게 부탁하지요. 엄마와 할머니가 그리운 시간 속으로 갈 수 있게 도운 아이의 마음이 기특합니다. 사랑하는 가족을 위해 무엇을 할 수 있을지 아이들도 고민한답니다. 그래서 서툰 행동으로 엄마를 돕겠다고 하고, 피곤한 아빠의 몸을 안마해 주곤 하지요.

아이를 키우다 보면 때론 아이에게 도움을 받기도 하고, 아이에게 고마움을 느낄 때가 많습니다. 어른의 욕심으로 쉽게 나누지 못하는 것도 아이들은 아주 쉬울 때가 있습니다. 아이는 어른에게서 어른은 아이에게서 배려하는 마음을 주고받습니다.

돕는 아이, 서로 사랑하는 마음… 가족을 생각하게 하고 가족의 사랑을 다시금 생각하게 하는 뭉클함이 있습니다. 《개미 요정의 선물》을 덮고 나면 엄마가 생각나지요. 가족 간에 아쉬웠던 시절을 다시 생각하며 과거로 돌아가 그 시절을 위로받고 싶습니다.

우리에게 특별한 마법 시계가 있다면 어떤 시절로 되돌아 가고 싶은가요? 가족과 아쉬웠던 시간을 되돌릴 수 있다면 어떤 시간을 보내고 싶은가요?

저는 엄마와 함께했던 어린 시절로 돌아가고 싶습니다. 마음 한 켠에 눅눅하게 얹혀 있는 때 묻은 감정을 풀고 온전한 사랑으로 채우고 싶습니다. 그리고 다시 엄마의 마지막 임종의 순간으로 되돌아가서 못다 했던 '사랑한다'는 말을 꼭 전하고 싶습니다.

그다음에는 바빠서 아이에게 소홀했던 순간으로 가서 함께 여행을 떠나고 싶습니다. 그리고 아이의 마음을 이해하지 못하고 호되게 다그치기만 했던 순간으로 돌아가 아이를 이해하고 싶습니다. 좀 더 여유로운 마음으로 키우지 못했던 서툰 양육의 순간으로 돌아가서 아이와 회복하는 시간을 만들고 싶습니다.

항상 마음에 걸려서 저에게는 애잔한 기억이지만 아이에게 물어보니 옛날 일을 잘 떠올리지 못하더군요. 엄마의 묵직한 마음은 비워도 비워도 무거운데 말이지요.

그래도 아직 늦지 않았습니다. 아이는 우리 앞에 있으니까요. 우리는 모두 하루하루 앞으로 나아가고 있고, 다행히도 감정을 회복할 수 있는 충분한 시간이 있지요. 지금이라도 아이에게 마음을 전해 보는 건 어떨까요?

"사랑한다. 내 딸."
"사랑한다. 내 아들."

어떤 상처도 치유되는
가족의 사랑

얼마 전, 가족에 관한 영화 〈그래, 가족〉을 보았습니다. 착해서 보증으로 집안을 힘들게 만드는 장남, 열심히 살며 능력은 있지만 쉽게 성공하지 못하는 장녀, 자신이 무엇을 해야 할지 모르고 방황하는 차녀가 있습니다.

세 남매는 남보다 못한 가족으로 뿔뿔이 흩어져 살다가 사고로 죽은 아버지의 장례식장에서 모입니다. 아버지 영정 사진에 들어갈 사진 한 장도 없는 가족입니다. 누구도 서로 마음을 다해 아끼지도 돌보지 않는 야박한 가족이지요. 그런데 11살 동생이 있다는 사실을 알게 된 세 남매는 막내 동생을 서로 돌보지 않으려 하고 고아원에 보내려 합니다.

이 가족이 매정해진 데는 나름의 이유가 있었습니다. 빚으로 가족은 매번 힘이 들었고 평생 번 돈은 가족의 빚을 갚는데 써야 했던 장녀에게 가족은 짐이고 만나고 싶지 않은 존재입니다.

그럼에도 11살 동생 때문에 세 남매가 다시 연결되고, 막내 동생의 탄생의 비밀을 알게 되면서 어려움 속에서도 상황을 극복하고 뭉치게 되지요. 이들이 모일 수 있었던 이유는 놀랍게도 '가족의 사랑'이었습니다. 아버지는 가족들을 위해 오두막과 밭을 꾸리고 안 되는 여건에서도 가족이 함께 모일 수 있는 날을 기다리며, 가족이 하나 되는 달콤한 꿈을 키웠지요. 완전한 가족은 아니었지만, 사랑하는 마음으로 다시 만날 날을 기다리면서요.

가족이 어려운 일이 생기고 문제가 있더라도 사랑으로 다시 회복되는 걸 보면서 뭉클했습니다.

사랑하는 가족에게 얼마나 사랑을 표현하고 있나요? 저는 아이를 위해 성경을 읽어줄 때 느끼는 기쁨, 아이에게 맛있는 음식을 먹이려고 재료를 사면서 느끼는 만족감, 제가 늦을 때면 아이를 챙겨 주려고 서둘러 퇴근하는 남편의 다정함, 엄마의 생일선물을 주기 위해 용돈을 모아 손가락 반지를 사주려는 아이의 마음, 홀로 계신 부모님의 안부를 걱정하며 전화 통화로 느끼는 안도감, 집에서 키우는 강아지가 아프면 함께 걱정하는 위로의 마음을 통해 매일 사랑을 주고받습니다. 작은 사랑이 모여 추억이 되고 큰 사랑으로 자라나는 거겠지요. 행복은 생각보다 가까이에 있습니다.

오늘의
그림책 인문학

가족

- 가족의 사진첩을 보면 어떤 생각이 드나요?
- 가장 아끼는 사진이 있나요? 왜 그럴까요?
- 시간을 거슬러 만나고 싶은 사람은 누구인가요?
- 나에게 투명 장옷이 있다면, 가 보고 싶은 곳은 어디일까요?
- 나에게 시간의 마법이 시작된다면? 어느 순간이 기억날까요?

우리도 개미 요정을 만날 수 있다면 얼마나 좋을까요? 생각만 해도 마음이 설렙니다. 우리에게는 행복한 여행을 보내 주는 타임머신이 없으니 사진첩 속에서 과거를 회상하며 그리운 시절, 아쉬웠던 시간을 떠올릴 수 있지요.

만약 부모님이 바빠서 외로웠던 어린 시절로 돌아간다면, 그때처럼 떼쓰지 않고 부모님의 마음을 좀 더 이해할 것 같아요. 살면서 아쉬웠던 순간으로 되돌아가서 아름다운 추억을 다시 만들고 싶어요. 부모님께는 꼭 사랑했다고 걱정하지 말라고 전하고 싶어요. 나이만큼 그리움이 크기가 다르네요.

• 더 읽으면 좋은 책

《행복의 지도》

나는 행복의 냄새를 따라
어디든 찾아갈 것이다.

―

에릭 와이너 지음, 김승욱 옮김, 어크로스

행복에 관한 작지만 큰 진실들

우리는 수없는 질문을 통해 문제를 해결해 갑니다. 행복도 마찬가지로 행복해져야 하는 이유에 대해 묻고 답을 찾아가지요.

이 책은 베스트셀러 《소크라테스 익스프레스》 에릭 와이너 작가의 행복에 대한 탐구의 결과물입니다. 저자는 여행을 통해 만나는 사람들, 여행지에서 본 수많은 풍경을 통해 행복을 찾을 수 있다고 조언합니다. 네덜란드, 스위스, 부탄, 카타르 등 9개국을 돌면서 찾은 행복과 마지막 미국 고향에서 행복을 정의하고 끝을 냅니다.

우리는 각자 여행을 하고 싶은 곳이 있겠지요. 국내, 해외의 가 보지 못했던 다양하고 독특한 장소가 있겠고, 한 번 가 보았는데 기억에 오래 남아 다시 가고 싶은 곳이 있겠지요. 이 책이 다양한 나라를 방문하면서 행복에 대해 배우고 깨달은 것처럼 우리도 행복의 냄새를 찾아 어디든 찾아 떠나는 여행을 시작해 보면 인생의 즐거움을 만날 수 있을지도 모릅니다.

10개국에서 얻을 수 있는 행복의 정의

1. 네덜란드-행복은 끝없는 관용

2. 스위스-행복은 조용한 만족감

3. 부탄-행복은 국가의 최대 목표

4. 카타르-행복은 복권 당첨

5. 아이슬란드-행복은 실패할 수 있는 기회

6. 몰도비-행복은 여기 아닌 다른 곳에 있는 것

7. 태국-행복은 행복이라고 생각하지 않는 것

8. 영국-행복은 좋은 인생의 부산물

9. 인도-행복은 모순

10. 미국-행복은 마음 둘 안식처

14.
나이든다는 건
아름다워진다는 것

《검은 머리 흰머리》
나이듦에 대한 어른과 아이의 관점의
차이에 대하여

신복남 글 | 민승지 그림 | 발견

거울을 보고 흰머리를 발견하면 어떤 마음이 드나요? 누구나 처음엔 검은 머리에서 흰머리가 발견될 때 당혹스럽습니다. 어렸을 때는 새치가 생기면 집안 내력이라고 자연스럽게 여겼는데 막상 나이가 들면서 어찌나 흰머리가 생기는지 여간 신경이 쓰이는 게 아니었습니다.

흰머리는 대개 극심한 스트레스에 더 많이 생기기도 한다지요. 고민하며 머리를 집중해서 쓰면, 흰머리가 특히 눈에 띄게 많아지는 거 같아요. 흰머리를 몇 가닥 뽑는다고 해결도 안 되는데 뽑아도 자꾸 생기는 흰머리를 보면 속상하지요. 자꾸 뽑자니 탈모가 걱정되기도 하고요. 자연스러운 일이긴 하지만 흰머리가 나서 나이가 들어 보이는 것도 싫고 수시로 흰머리를 뽑아도 마음 한켠이 불편한 건 왜일까요.

저도 나이를 먹고 흰머리가 점점 많아지니 어린 시절 흰머리를 뽑아 달라고 하던 어머니의 마음이 이해가 됩니다.

사소하지만 일상에서 마음의 작은 파동을 일으키는 흰머리, 나이가 든다는 것의 신체적인 현상 중의 하나, 《검은 머리 흰머리》는 그것에 대한 이야기입니다.

흰머리 할머니가
되고 싶지 않아

주인공 순해 씨는 아침을 상쾌하게 시작합니다. 시원하게 머리도 감

《검은 머리 흰머리》 ⓒ 신복남 글, 민승지 그림, 발견

습니다. 아침마다 머리를 감는 순해 씨 덕분에 머리카락도 기분 좋은 하루를 시작합니다. 어느 날, 순해 씨는 거울 보며 흰머리를 발견하고 놀랍니다. 처음으로 거울 속에 비친 흰머리를 발견하고 불안해하지요.

순해 씨가 놀라는 순간, 흰머리는 자기 모습에 더 많이 놀라며 당황합니다. 비명을 지르며 흰머리는 속상해합니다. 옆에 있는 검은 머리들은 괜찮냐고 함께 놀랍니다. 순해 씨보다 검은 머리였던 흰머리가 더 놀라며 당황하는 모습은 재미를 더해 줍니다.

검은 머리카락들은 흰 머리카락에게 언제부터 그랬냐며 호들갑을 떨고, 너무 걱정하지 말라고 위로하고, 설마 죽는 건 아니냐며 걱정을 합니다. 흰 머리카락을 걱정하는 검은 머리카락들의 대화가 마치 사람들이 당황하며 걱정하는 마음처럼 들립니다.

순해 씨가 흰머리를 뽑으려고 손으로 만지작거릴 때 검은 머리들은 흰머리를 꽉 끌어안아줍니다. 순해 씨가 방에서 족집게를 찾고 있을 때 지켜보던 머리카락들은 불안한 표정을 짓습니다. 족집게는 의기양양하게 가르맛길을 따라 검은 머리들을 비집고 흰머리를 찾습니다. 그러나 검은 머리들은 한마음이 되어 흰머리를 지켜 줍니다.

순해 씨는 족집게로도 안 되니, 아들에게 엄마 흰머리를 하나 뽑아 달라고 합니다. 아들은 엄마의 흰머리를 찾으며 말합니다.

"엄마, 이제 할머니 돼?"

흰머리가 생기면 어른도 나이들어가는 것에 두려움과 불안감이 생기는데, 아이도 마찬가지로 부모가 나이들어 가는 것에 대한 불안함이 생깁니다. 순해 씨는 아들에게 "네가 어른이 되고 결혼해서 아기를 낳으면"이라고 아들에게 안심시켜 주는 말을 합니다.

"그럼 흰머리는 왜 뽑이?"
"보기 싫잖아."
"난 괜찮은데…. 흰머리 많아도 나한테는 계속 엄마잖아."

엄마를 다정히 바라보며 하는 아들의 말은 너무도 어른스럽습니다.

아들은 엄마의 흰머리가 괜찮다고 말하는 아들의 말이 고맙게 느껴집니다. 역시 가족은 말로 위로받고 말로 힘을 얻는 듯 싶습니다.

엄마를 이해해 주는 아이, 흰머리가 더 늘어나도 좋아해 주는 가족이 있기에 위로가 됩니다. 순해 씨는 나이들어 가는 부모를 보고 "괜찮다"고 말해 주는 아이가 있으니 얼마나 행복한 인생입니까?

아니, 그런데《검은 머리 흰머리》는 유독 엄마를 위한 그림책 같아요. 주인공도 엄마이고, 소재도 엄마의 흰머리이고, 내용도 일하고 살림하고 아이를 돌보는 엄마의 일상이 나오니까요. 머리카락들이 의인화되어 나오지만, 어째 엄마에게 더 중심을 맞춘 그림책처럼 느껴집니다. 아이들에게는 흰머리가 나지 않으니까 굳이 따지자면, 아이들이 나이들어 가는 엄마, 아빠를 이해하기 위한 그림책이라고 설명할 수 있겠네요.

그리고 검은 머리와 흰머리를 의인화해서 서로 협력하며 공감하는 모습을 그린 발상이 정말 재미있지 않나요? 그림책이 주는 즐거움을 또 이렇게 발견합니다.

흰머리의 나를
사랑하는 일

다시 흰머리에 대해 이야기해 볼까요? 중년이 되면 인생의 순간에 만나게 되는 불청객 흰머리는 의외로 죽은 머리가 아니라고 합니다. 흰머리도 신진대사를 하며 움직인다고 합니다. 우리의 검은 머리를 잘 유지할 수 있는 방법, 음식을 바꾸면 흰머리도 예방할 수 있다고 합니다.

그래서 저는 멜라닌 세포를 제대로 만들 수 있는 식단, 음식에서 비타민, 미네랄 효소를 잘 섭취할 수 있는 천연 치유 칼럼으로 삶고 튀기지 않고 생으로 먹는 음식을 추천합니다. 주변에 자연적인 음식을 먹고 나서 검은 머리가 나는 사람의 사례를 들으면서 저도 실천하고 있습니다. 음식으로 신체 조직을 생성할 수 있고 변화시킬 수 있다면 도전해 보기 쉽지요.

대표적인 음식은 항산화 물질이 많은 검은깨, 미네랄이 풍부한 해조류, 티로신 성분이 있는 치즈, 검은콩, 머리를 건강하게 하는 굴, 혈관을 확장해 주고 혈액 순환을 좋게 만드는 생강입니다.

그런데 불가항력의 나이듦, 그것의 산물인 흰머리도 내가 인정해 주어야 할 나의 일부입니다. 나를 나답게 바라볼 수 있는 마음의 여유를 가질 때 흰머리가 생긴다고 해도 마음이 불편하지 않을 수 있습니다.

나이들어서 속이 상한 엄마들에게 해 주고 싶은 말이 있습니다.

"괜찮아요. 나이듦을 인정해야지요. 엄마가 행복해야 아이도 함께 행복하답니다. 나이들수록 신나게 살아야 해요."

자신의 모습을 인정하고 받아들임이 편안해지는 것, 다름을 사랑하는 것이 인생입니다. 우리 모두 나이듦에 마음 쓰지 말고 자신의 가치를 인정하는 삶을 살기를 응원합니다.

나이듦

- 흰머리를 처음 본 순간에 어떤 감정을 느꼈나요?
- 책 속 주인공처럼 흰머리에게 하고 싶은 말이 있나요?
- 가족에게 흰머리를 보여 준다면 어떤 말을 듣고 싶나요?
- 외모가 나에게 중요한 이유는 무엇일까요?
- 나이듦은 나에게 어떤 의미일까요?

수업 중에 《검은 머리 흰머리》을 읽고 흰머리라는 주제로 이야기를 나누었을 때 어떤 분은 40대에 백발이 되었다고 했습니다. 한창인 나이 40에 백발이 되었으니 얼마나 속상했을까요. 그 분은 그림책 속 순해 씨가 염색을 하며 예뻐지는 모습을 보며, 자신이 처음 염색했을 때가 떠올랐다고 합니다. 그리고 자신의 아이가 흰머리지만 엄마니까 예쁘다고 했다며 위로를 받은 이야기를 전해 줬습니다. 아이의 위로의 말이 유전적인 콤플렉스를 이기는 순간이었다고요.

흰머리를 발견할 때 '나이들었다!'라는 느낌을 받아 긴장하게 되나요? 검은 머리는 젊음의 대상이 되고, 흰머리는 나이듦의 대상으로만 구분하면 콤플렉스일 뿐이지만 자연스러운 현상으로 받아들이면 훨씬 여유 있는 삶이 됩니다.

• 더 읽으면 좋은 책

《유쾌하게 나이 드는 법 58》

"때가 너무 일러서, 혹은 늦어서 문제인가?
혹은 모든 일이 너무 좋게 돌아가서 문제인가?"

로저 로젠블랫 지음, 권진욱 옮김, 나무생각

유쾌하게 나이 드는 통찰 있는 삶이란

어떤 문제를 만나게 될 때, 우리에게는 통쾌하게 해결해 나가려는 단순함이 필요할 때가 있습니다. 단순함이 의외로 쉽게 문제를 해결해 주기도 합니다. 상황을 어렵게 만드는 건 우리의 내면에서 시작되지요. 이 책에서 소개하는 58가지 유쾌하게 나이 드는 법을 다양하게 활용한다면 통찰 있는 삶을 살게 됩니다.

나이 든다는 건 인생이 주는 값진 선물입니다. 저자는 청년에서 중년, 중년에서 노년을 살면서 즐겁게 나이들어가는 데 도움이 되는 생각과 행동의 지침을 안내합니다. 나이듦의 틀에 자신을 가두지 말고 통쾌한 삶을 살도록 이끕니다. 막연하고 불안하게 인생을 미리 걱정하지 말고 우리의 삶이 어제보다 오늘 더 행복하게 사는 법을 알려 주지요. 명언처럼 된 제목에 유머가 담긴 짧은 이야기가 더해져 읽는 재미를 더합니다. 긍정적이고 새로운 시각이 독자들에게 멋진 삶을 살도록 권하고 있습니다.

유쾌하게 나이 드는 10가지 방법

1. 당신만 생각하고 있는 사람은 아무도 없다.

2. 나쁜 일은 그냥 흘러가게 내버려 두라.

3. 당신이 잘못한 일은 당신이 먼저 야유를 퍼부어라.

4. 당신을 지겹게 하는 사람은 바로 당신이다.

5. "대단해!"란 찬사를 조심하라.

6. 겉모습이 실체를 드러내 보여 주는 경우는 아주 많다.

7. 미덕을 좇되, 그것에 목숨을 걸지는 말라.

8. 아무것도 하지 않아도 되는 기회를 놓치지 말라.

9. 행복한 인생은 길어 봤자 5분이다.

10. 무슨 일이든 돈 때문에 하지 말라.

15.
느려도 괜찮다,
당신은 소중하니까

《슈퍼 거북》
남을 흉내내지 않고,
나답게 사는 삶에 대한 성찰

유설화 글·그림 | 책읽는곰

"거북이는 왜 오래 살까?"

"그야, 천천히 움직이니까요!"

아이의 대답은 단순합니다. 진짜 거북이가 느리다 보니 오래 살 수 있는 비결이라고 생각합니다. 과학자들이 밝혀낸 이유는 사람과 동물에 있는 텔로미어(telomere) 때문이라고 합니다. 텔로미어는 염색체 끝에서 발견되는 구조물로, 그 길이와 수명이 비례한다고 밝혀졌습니다. 사람은 나이가 들면 텔로미어의 길이가 점점 짧아져서 세포가 노화됩니다. 거북이는 이 텔로미어가 짧아지는 속도가 느리기 때문에 오래 사는 거지요.

토끼를 이겼지만
남는 건 피곤함 뿐

빠르다고 인정을 받지는 않았지만, 자신이 느리다고 포기하지 않는 끈기 있는 거북이가 살고 있습니다. 한동네에 사는 우쭐거리는 토끼는 늘 거북이에게 '느림보'라고 손가락질합니다.

그러다 토끼와 거북이가 경주를 한다고 하니, 토끼가 거북이보다 빠르고 잘 뛰니까 누구나 토끼가 이긴다고 생각했지요. 토끼조차도 거북이를 얕보다가 경주를 하는 도중에 잠이 들었습니다. 거북이에게는 기회였지요. 거북이는 끈질기게 천천히 달려 토끼가 방심했을 때, 기회를 잡았습니다. 느린 생활에 익숙한 느림보 거북이지만 경주에서 토끼를 이기고 '슈퍼 거북'이라는 별명을 얻게 됩니다.

토끼를 이긴 거북이는 온 동네 스타가 됩니다. 스타가 된 거북이는 온 동네 우상이 되어 기뻤습니다. 그런데 슈퍼 거북이라는 별명과 함께 기대를 한몸에 받아 항상 긴장해야 했습니다. 거북이가 천천히 걷기만 해도 느리다는 수군거림을 받아야 했지요.

거북이는 빠르게 되기 위해 온 힘을 다합니다. 타인에 의해 삶을 살게 된 거북이는 입술을 꾹 다문 채 진짜 빠른 슈퍼 거북으로 살기를 결심합니다. 자신의 모습을 버리고 도전하려는 거북이의 모습은 무척 결의에 차 보입니다. 거북이는 어떻게 하면 빨리 움직일 수 있는지 도서관에서 책을 읽고 온갖 방법을 찾아 빠르게 사는 법을 익힙니다. 마치 거북이에게는 오로지 토끼 같은 삶만이 존재하는 듯 보이지요.

거북이는 슈퍼 거북의 삶을 살기 위해 무리한 일정을 소화하고 자신의 생활 방식을 바꾸기 위해 안간힘을 씁니다. 도저히 불가능할 것 같은 일을 해내며 빠른 몸을 만들어 나갑니다.

우리는 이 장면에서 타인의 말과 시선에 따라 사는 모습을 생각해 볼 수 있습니다. 내가 아닌 다른 모습으로 산다는 건 어떤 뜻일까요? 자신의 역할이나 태도가 내가 원하는 삶이 아닐 때, 우리 인생은 어떤가요? 스스로 멈추어 서지도 못한 채 오로지 앞만 바라보고 가는 삶에서 어떤 행복을 찾을 수 있을까요?

우리는 종종 다른 사람으로부터 인정받기 위해, 능력자로 보이기 위해, 타인을 위해 삶을 살아가기도 합니다. 그러다 보면 어느 순간에 지친 자신의 모습도 알지 못한 채, 모든 게 방전되지요.

거북이도 처음에는 경주에서 토끼를 이겨서 자신이 멋있다고 생각했을 테지요. 도저히 이길 수 없는 토끼를 이기고 거북이는 기뻤을 겁니다. 그런데 이야기를 더 해 보면, 토끼가 거북이에게 재도전을 하고, 이번에는 거북이가 방심한 틈을 타 결국 토끼가 승자가 되지요.

경기를 끝내고 집으로 돌아온 거북이는 거울 속에 비친 자신의 모습을 보며 무척 피곤한 자신을 발견합니다. 마치 피곤한 현대인의 자화상처럼 지친 표정과 푸른 색상의 어두운 느낌이 무척 슬퍼 보이는 장면이지요.

나다워지는 순간, 행복해진다

많은 사람들은 목적하는 바를 이루기 위해 수많은 시간과 노력의 땀을 흘립니다. 자신의 의지를 굳건히 하고 성취하고자 하는 결심을 행동으로 옮겼을 때 뿌듯해 하지요. 자신을 위한 혹독한 시간의 훈련은 느림보 거북이조자도 빠른 슈퍼 거북이 되게 했습니다. 낮과 밤을 쉴 새 없이 도전하는 삶을 살아가며, 천 년은 늙은 듯한 모습에도 최고가 되기 위해 열심히 살았지요.

슈퍼 거북이 되기 위해 애쓰는 거북이의 모습 속에서 무엇을 발견했나요? 저는 할 일이 많아져 지치고 불안한 삶을 사는 우리의 모습이 비춰보였습니다.

우리는 이 이야기를 읽고 두 가지 교훈을 발견할 수 있습니다.

첫 번째 '쉼'입니다. 우리 몸은 극도로 피곤하거나 힘이 들 때 쉬게 해 달라고 신호를 보냅니다. 우리 몸이 쉼을 원하면 물을 마시기도 하고, 청량한 숲이나 시원한 장소에 가서 머리를 맑게 쉬어 주어야 합니다. 지치고 피곤한 느낌은 오히려 우리 몸이 보내는 고마운 신호일 수 있습니다. 에너지를 충전 없이 계속 사용하게 되면 눈의 피로, 졸음, 무기력감까지 옵니다. 무기력감에 주변도 돌볼 겨를도 없이 지쳐 가고, 경직된 상태로 살다 보면 몸뿐만 아니라 정신 건강에도 문제가 생겨서 하는 일에 의욕이 떨어집니다.

우리의 몸과 정신이 피곤하면 하던 일을 멈추고 자신을 되돌아 보아야 합니다. 몸과 마음을 적당히 쉬어줍니다. 스트레스를 누적시키지 않고 몸과 마음을 맑고 가볍게 할 수 있어야 합니다. 그래야 할 수 있는 일을 오래 지속할 수 있습니다. 느긋한 시간은 살면서 꼭 필요한 삶의 회복제입니다.

잠도 푹 자고 충분한 휴식이 필요한 이유이지요. 볕도 쬐고 책도 보고 좋아하는 꽃도 가꾸고 천천히 주변을 돌아보며 걸어 보세요. 바쁜 일상을 벗어나 여유 있는 쉼을 가져야 합니다. 바쁘고 빠른 일상을 살았다면 그다음에는 때론 느긋하게 쉬면서 균형 있는 일상을 살아 보세요.

매일 자신을 위한 시간을 만들어 가까운 곳을 산책하는 것도 여유롭게 보낼 수 있는 시간입니다. 가족과 함께 식사하면서 정다운 대화를 하는 것도 쉼을 갖는 방법입니다. 우리에게 어떤 계기가 오지 않는다면 변화하고자 하는 마음을 가질 수조차 없습니다.

두 번째 '나다움'입니다. 나답게 사는 방법이 가장 편안한 삶입니다. 내가 좋아하는 것과 잘할 수 있는 걸 구분할 때 나다운 삶을 선택할 수 있습니다.

인생이라는 경주에서 늘 남 탓만 하며 뒤처진 삶이 되지 않기 위해서는 나다움을 지켜야 합니다. 그러기 위해서 나의 강점을 알고 잠재 역량을 발휘하기 위한 내면의 힘이 필요합니다. 자신의 내면의 소리를 귀 기울여 들어야 합니다. 어떤 일을 해야 내가 가장 행복하고 즐겁게 일할 수 있는지 찾아봐야 합니다. 우리 자신을 점검하면서 자신의 잠재 역량을 잘 활용하고 있는지, 목표만을 향해 늘 바쁘게 살고 있지는 않은지 살펴봐야 합니다.

거북이가 자신이 원하는 걸 깨닫는 순간처럼 중요한 순간도 없습니다. 타인에 의해 만들어진 삶은 진짜 자신의 모습이 아니라고 깨닫게 될 때, 자신의 모습을 사랑했던 순간으로 돌아갈 수 있습니다.

나다움을 찾기 위해 현재 나의 상황에서 간단하면서도 실천하기 쉬운 일을 찾아봅니다. 자신이 평소에 하고 싶었던 취미를 배워 본다든지, 좋아하는 책을 읽는다든지, 좋아하는 사람과 차 한 잔 마시며 수다를 떤다든지 등 차분하게 실행해 봅니다. 내가 원하는 인생을 찾는 데 도움이 될 수 있습니다.

있는 그대로의 나의 삶을 바라보거나 내가 원하는 것이 무엇인지 분명하게 알 때 나의 삶은 기쁘게 흘러갑니다. 자신만의 균형 있는 삶으로 나다운 인생을 살아가는 아름다운 '자기 돌봄'을 실천해 봅니다.

사람들과 살아가면서 소소한 기쁨을 느끼는 것, 타인과의 관계 속에서 자신의 의미와 방향을 상실하지 않는 것, 자신의 무한한 가능성을 믿고 스스로 삶을 이끌어 가는 지혜를 갖는 것, 인생을 도전하고 성취하면서 느꼈던 희열, 자신만의 여유 있는 휴식 방법을 찾아 나답게 살 수 있는 삶…. 스스로 바라보는 시선과 마음에 따라 인생의 방향을 다르게 이끌 수 있습니다. 자신을 위한 행복한 삶은 나답게 사는 삶입니다.

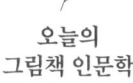

오늘의
그림책 인문학

나다움

- 내가 도전해서 성취하고 싶은 것은 무엇인가요?
- 아이가 타인의 시선에 신경 안 쓰고 잘 살 수 있을까요?
- 나만의 여유 있는 휴식 방법은 무엇인가요?
- 지금 나 또는 아이는 나다운 삶을 살고 있나요?
- 바쁘게 사는 나에게 하고 싶은 말은 무엇일까요?

아이에게 나다움은 어떻게 알려 줄 수 있을까요? 아이들은 자신과 다르면 아이들을 놀리는 경우가 종종 있습니다. 말을 잘 못하는 아이, 성적이 좋지 않은 아이, 키가 작은 아이, 때론 다른 아이보다 더 말랐다는 이유로 놀림을 받을 때도 있습니다. 친구들로부터 받은 상처는 오래가겠지요. 아직 자아정체감이 완전하지 않은 아이들은 힘들어 하고 울기도 합니다.

이럴 때, 아이가 자신을 잃지 않도록 부모가 긍정적인 언어를 아낌없이 사용할 때입니다. 누구보다 귀하고 소중한 아이의 마음이 다치지 않기를 바라면서 말이지요. 아이가 나다움을 잃지 않도록 좋아하는 활동을 같이하는 것도 추천합니다. 아이는 좋아하는 것에 관심을 가지면서 나답게 사는 법을 찾아갈 겁니다.

• 더 읽으면 좋은 책

《행복을 찾아가는 자기돌봄》

자기성찰, 자기 돌봄은 능동적으로 자신의 본성을 깨닫고 '더 나은 삶'을 만들어 갈 수 있다.
자기 결정성은 삶에 대한 내면의 지휘이다.

―

크리스티나 뮌크 지음, 박규호 옮김, 더좋은책

내 인생을 돌보는 사람은 나다

행복을 찾기 위해서는 '자기 결단'이 필요합니다. 자신의 의지가 불행하게 만들기도 하고 복잡한 경쟁 속에서 살아남아 행복을 갖기도 하니까요. 세상을 살아가면서 늘 새로운 목표를 세우고 타인과의 관계 속에서도 양가 감정으로 인해 힘이 들기도 하고 좋은 관계를 유지한다는 건 쉽지 않습니다. 열심히 산다고 해도 바뀌지 않는 현실을 만나기도 하고 다양한 구조 속에서 삶의 의미와 가치나 방향을 잃어버리기도 합니다.

그럼에도 우리는 더 나은 삶을 위해 살아갑니다. 우리에게 필요한 건 자신에 대한 신뢰와 자기 결정에 대한 존중입니다. 스스로 성찰하며 자신을 돌볼 줄 알아야 행복을 위한 자기돌봄을 실현할 수 있습니다. 타인에 의해 사는 삶이 아니라, 주도적이고 능동적이어야 주체성 있는 자기 사랑을 이룰 수 있지 않을까요?

내가 어떻게 내 운명을 바라보는지에 대한 시각에 따라 인생은 달라집니다. 인생이 무엇인지 탐구하는 지혜가 필요하며 철학적인 관점과 새로운 시각이 우리를 더 나은 삶으로 이끕니다. 이 책에서 더 나은 삶, 행복을 찾기 위해 필요한 성찰을 10명의 철학자의 삶을 통해 알려 주고 있습니다.

자기돌봄에 대한 5가지 조언

1. 열린 시각은 비판적 자기 검토와 사색의 과정으로 통찰을 얻게 한다.
2. 운명을 바라보는 새로운 필터를 얻는 건 절망에 빠진 사람들에게 좋은 치료제다.
3. 운명을 단지 견뎌내는 데서 그치지 말고 사랑하는 법을 배워라.
4. 우리는 우리의 삶에 대해 스스로 결정해야 한다.
5. 인간은 오직 불가능을 향해 나아갈 때만 발전한다.

4장
통찰

: 성장하는
엄마를 위한
깨달음

16.
더 깊은 사랑을 주는 시간

《엄마의 선물》

소중한 아이를 향한
부모의 무한한 사랑에 대하여

김윤정 글·그림 | 윤에디션

"엄마"

아이가 가장 처음 배운 말이 '엄마'였습니다. 듣는 순간 가슴이 떨렸지요. 아이가 엄마를 필요로 할 때는 엄마라는 소리가 다릅니다. 무심코 부르는 엄마, 간절할 때 부르는 엄마, 아플 때 부르는 엄마…. 다 다르게 나오지요. 누군가 들으면 같은 말로 들려도, 엄마기에 아이의 기분과 감정을 고려한 신호를 잘 알아차립니다.

저도 엄마가 되니 이전에는 보이지 않던 게 보이고, 들리지 않던 게 들렸습니다. 특히, 아이에 관련된 감각은 아주 잘 발달했습니다. 어렸을 때는 엄마의 삶이 당연한 줄 알았는데, 막상 엄마가 되어 보니 그렇지 않았고 저절로 우리 엄마의 마음을 떠올리며 아이를 키우게 됩니다. 어렸을 때는 몰랐던 걸 엄마가 되어 자녀를 키우면서 내 엄마의 깊은 사랑을 깨닫습니다. 엄마가 해야 할 일, 엄마는 사랑으로 많은 일을 할 수 있다는 사실을 깨닫습니다.

신이 준 최고의 선물, 엄마의 손

《엄마의 선물》은 엄마가 아이에게 전하는 사랑을 담은 그림책입니다. 앞으로 살아갈 아이의 삶을 응원하고, 조심해야 할 걸 당부하고, 꿈을 펼치길 응원하는 내용입니다.

한쪽은 두꺼운 재질의 종이로 된 그림이 그려져 있고, 한쪽은 뻥 뚫린 투명한 재질의 종이에 그려진 그림으로 된 독특한 책이지요. 책장을 한 장씩 넘기면 대구가 되는 말과 그림이 겹쳐서 독특한 모습을 연출합니다. 한 장 한 장 넘기는 재미가 있고, 엄마의 진지한 말이 찬찬히 음미하면서 넘기게 합니다. 읽는 사람의 흥미를 끌면서도 집중하게 만듭니다.

또 하나 독특한 점은 한쪽에는 아이가 그려져 있고, 반대편 투명한 곳에는 모두 '손'이 그려져 있다는 점입니다. 손은 이 책에서 아주 중요한 역할을 합니다. 앞서 말한 응원, 당부, 용기, 사랑을 모두 손으로 표현되지요. 아이를 가리키거나 지붕을 만들어 보호하거나 날개를 만들어 주거나 칭찬하는 역할을 합니다. 손으로 다양한 표정을 만들고, 표현하며 메시지를 전할 수 있다니 작가의 창의성이 대단합니다.

저는 어릴 때, 캄캄한 밤이 무서워서 엄마의 손을 꼭 잡고 잠이 들곤 했습니다. 우리 엄마는 제가 아플 때는 따뜻한 손으로 저를 쓰다듬으며 노래를 불러 주었습니다. 엄마가 되고 저 역시 아이의 등을 토닥여 주거나 아이가 약한 모습을 보일 때 "괜찮아"라고 위로를 건네곤 합니다.

엄마의 두 손은 신이 준 최고의 선물입니다. 두 손을 통해 인생의 가르침과 사랑의 마음을 전할 수 있지요. 그런 엄마의 손이 늘 지시하는 손이라면 어떨까요? 분명 아이는 엄마를 부담스러워할 것입니다. 아이가 잘못을 해서 지시해야 한다면, 해야겠지만 아마 제대로 된 이해는 못할 겁니다. 아이는 유아 시기를 지나 인지 능력이 다 자라야 점점 깨닫는 순간이 오지요. 아이가 초등학생이 되고 시간이 지나면서 엄마를 점점 더 이해하고 공감하겠지요.

　가정은 인생의 본보기를 배우는 장소입니다. 따뜻한 가정에서 건강한 훈육으로 가르침을 받은 아이가 다른 사람들에게 너그러움과 배려를 베풀 수 있습니다. 엄마는 그걸 알려 주는 사람입니다. 엄마가 따뜻한 마음의 온도를 지녔을 때 아이들도 보고 배웁니다.

　이 책에서 손이 매우 중요한 의미를 지니기 때문에 손에 대한 사유를 좀 더 해 보겠습니다. 우리 신체에 있어 손만큼 여러 가지 일을 하는 부위가 있을까요? 그만큼 매우 잘 써야 하고, 적절히 사용해야겠지요.

　특히, 부모는 손을 잘 사용해야 합니다. 아이를 키울 때 손을 아주 많이 사용하니까요. 아이가 아플 때면, '엄마 손은 약손'이라고 말하며 아이의 아픈 곳을 만져 주어야 하고, 아이와 가족을 위한 음식을 만들고, 깨끗이 몸을 씻기고, 많은 시간을 스킨십으로 아이에게 사랑을 전해야 하니까요. 엄마는 아이에게 손 하나도 가벼이 여기지 말아야 함을 알려 주고 있습니다.

　예수님도 손으로 치유를 만들어 냈습니다. 손을 잡는 행위는 믿음이 가능한 안전한 메시지입니다. 말에도 온도가 있다면, 손에도 온도가 있습니다. 다른 사람을 손으로 아프게 하면 나도 아프게 될 수 있습니다.

　그래서 부모의 손으로 아이를 때리는 일은 없어야 합니다. 살짝이라도 어깨나 등을 때리는 행위도 지양해야 합니다. 맞는 순간 부모에게 반감이 생길 수 있습니다. 나약한 아이에게 휘두르는 묵직한 주먹은 아이를 병들게 합니다. 힘으로 다른 사람을 짓누르면 언젠가는 자신에게 되돌아오는 아픔을 겪습니다.

엄마는 아이에게 든든한 '삶의 울타리'입니다. 힘을 잃었을 때 힘을 주는 존재입니다. 우리가 부모님에게서 인생의 교훈이 될 가르침을 얻었듯, 우리의 아이도 인생의 길을 안내하는 가르침이 필요하지요.

<u>엄마는 말했지요.
다른 사람에게 손가락질하면,
언젠가는 너에게 돌아온단다.</u>

엄마라면 아이가 다른 사람들과 사이좋게 살기를 바라지요. 다른 사람을 손가락질하는 법을 배우는 게 아니라 내 삶을 먼저 들여다보도록 가르치는 게 사이좋은 관계를 쌓는 기초가 될 겁니다. 그래서 책에는 아이가 다른 사람에게 손가락질해서는 안 되며, 그 무거운 지적과 비난의 손가락질은 결국 돌아온다는 사실을 알려 줍니다.

다른 사람을 비평하고 질책하는 모습만 보고 자란 아이들은 마음부터 다릅니다. 항상 상대방의 잘못을 들춰내지요. 자신의 양심은 늘 옳다고 생각하는 마음이 커서 다른 사람의 행동을 통렬하게 비난하게 됩니다. 아이가 친구와 대화를 하고 말도 없이 메시지 방을 폐쇄해 버리는 경우도 종종 있습니다. 대화나 문자 메시지에도 지켜야 할 도의가 있는데 말이지요.

어떤 순간에도
네 뒤에 있어

가 보지도 않은 길이 두려워 아이가 길을 멈추려고 할 때, 손으로 막아 주고 위로가 되어 주려고 하는 게 엄마의 사랑입니다. 엄마는 비를 맞아도 아이에게는 커다란 우산이 되어 주고 싶습니다. 어떤 어려움이 와도 엄마는 아이의 든든한 우산처럼 지켜줄 테니까요.

비 맞을까 두려워 너의 길을 멈추지 마.
너에게는 커다란 우산이 있잖니.

비는 물리적인 비가 아니라 우리 마음에 닥친 어려움, 고난을 의미합니다. 엄마도 엄마 마음에 비가 오면 어떠한가요? 우리 엄마도 제가 힘이 들 때 우산이 되어 주셨지요. 인생이 버거울 때 언제나 먼저 찾았던 이유였지요.

《엄마의 선물》ⓒ 김윤정, 윤에디션

엄마는 아이의 손을 놓지 않고 평생을 삽니다. 아이도 엄마의 손을 꼭 잡고 갑니다. 힘이 들 때 손을 잡아줄 수 있고, 아이의 눈물을 닦아 줄 수 있는 손이 있어야 합니다. 엄마의 위로하는 손을 만나는 순간, 아이의 모든 슬픔은 가라앉습니다.

엄마에게 아이는 어떤 의미인가요? 아이는 늘 칭찬을 받아도 부족하지요. 엄마는 아이가 말하는 순간, 걸음마를 하는 순간, 스스로 세수를 하는 순간, 밥을 아주 맛있게 먹는 순간, 손을 꼬물꼬물 움직여 그림을 그리는 순간… 모든 순간에 칭찬과 용기를 보낼 수 있습니다. 엄마가 아이를 최고의 가치로 키워낼 때, 아이도 자기 삶을 최고로 성장시킬 수 있습니다.

사랑과 긍정의 말은 힘이 있습니다. 엄마가 전하는 말의 긍정적인 메시지는 아이에게 고스란히 전달됩니다. 아이를 사랑하는 엄마의 소중한 마음을 읽는다면, 아이도 엄마를 소중하게 생각하게 됩니다. 엄마는 아이가 있어서 행복하고, 아이는 엄마가 있어 소중하니까요.

"나는 네 엄마라서 너무 행복하고 널 만난 걸 축복이라고 생각해"라고 자주 말해 주세요. 아이가 건강한 생각으로 잘 자랄 수 있도록 곁에서 우산이 되어 주고 따뜻한 마음 밭을 만들어 주는 것, 부모의 영원한 역할입니다.

엄마라면 기쁨은 함께 즐길 수 있지만, 슬픔도 함께 이겨내는 법도 가르쳐 주고 싶을 겁니다. 결코, 이기고 지는 게 인생에서 그리 중요하지 않다는 걸 너무나 잘 압니다.

모든 부모는 내 아이가 넉넉한 마음으로 세상을 바라볼 줄 아는 아이가 되기를 바랄 겁니다. 이 책에서도 이기고 지는 삶이 아니라 자기 만족과 사랑이 있으면 아이는 밝게 자랄 수 있다고 가르칩니다.

아들의 운동회가 있던 날이었습니다. 아들은 열심히 달렸지만, 꼴찌로 도착했지요. 정신없이 달리기만 했던 아이는 스스로는 최선을 다한 것이었지요.

"아들, 정말 잘했어!"

순위는 중요하지 않았습니다. 저는 포기하지 않고 도착한 아들이 자랑스러웠습니다. 선생님도 아들에게 '참 잘했어요!' 도장을 손등에 찍어 주었습니다. 아이는 손 등 위에 찍힌 '참 했어요!' 도장을 보고 무척 좋아했습니다. 달리기를 해서 최종 목표 지점까지 열심히 했던 아들에게는 충분한 상이었던 것이지요.

아이들은 도전하면서 성장하고 변화해 갑니다. 아이가 못하던 걸 해냈을 때는 격려와 응원의 말이 필요합니다. 자신이 도전한 게 잘 이루어지지 않을 때 좌절할 수도 있지요. 그 마음을 엄마는 잘 압니다. 그럴 때 아이에게 어떤 말을 해야 할까요?

저는 혹여라도 아들에게 비교의 말을 하지 않으려 노력했습니다. 뭐든 혼자서 잘하는 아이, 배려 깊은 아이, 공부 잘하는 아이를 보면서 절대 칭찬하거나 그 아이의 엄마가 자랑스럽겠다고 무심코 말하지 않도록 조심했습니다.

비교의 말을 하면, 아이는 초등학생만 되어도 "왜 다른 아이랑 비교하는 거야. 기분 나빠!"라고 하지요. 아이도 다른 부모의 장점을 말하며 "엄마는 다른 엄마랑 다르게 왜 그래?"라는 말을 들으면 마음이 속상하잖아요. 말의 중요성은 수백 번 이야기해도 중요합니다.

비 올 때 쓰는
엄마라는 커다란 우산

한번은 그림책 수업 중에 이런 질문을 했습니다.

"엄마로서 아이에게 인생 조언을 한다면 어떤 말을 하고 싶으세요?"

대답은 다양했습니다. 건강을 최우선으로 하며 살아라, 삶을 함께 살아갈 동반자를 만나라, 성실하게 행동하면 잘살 수 있다, 이웃에게 베풀면서 살아라 등이 있었습니다. 살다 보니 돈보다 중요한 건 건강이고, 인생을 함께 갈 수 있는 동반자가 있기에 인생은 살만하다고 합니다. 성실하고 베풀며 살면 복을 받기도 하니까요.

우리도 어렸을 때, 엄마가 했던 모든 말이나 행동이 떠오르며 위안을 받을 때가 있잖아요. 힘들어도 따뜻하게 아이를 대해야 하는 이유입니다. 엄마가 아이에게 힘겨운 일이 있을 때 어떤 대처 방법을 사용하느냐에 따라 아이는 마음이 넉넉한 사람이 될 수도 있고, 타인을 배려하지 못하는 사람으로 성장할 수 있습니다. 엄마의 생각과 태도가 얼마나 중요한지요.

엄마의 따뜻하고 개방적인 태도가 아이를 성실하게 만듭니다. 엄마의 가치관이 아이에게 고스란히 전달되지요. 엄마는 아이에게 커다란 우산입니다. 항상 옆에서 지켜봐 주면 아이는 든든해 합니다. 우리가 소중하고 자랑스러운 어른으로 자랄 수 있던 가장 큰 이유는 바로, 부모님의 이런 기다림과 인정 때문이 아닐까요?

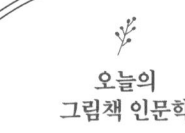

오늘의
그림책 인문학

모성애

- 엄마가 나에게 전한 교훈은 무엇인가요?
- 엄마가 어느 때 나에게 큰 힘이 되었나요?
- 엄마로서 아이에게 해 주고 싶은 최고의 말은 무엇인가요?
- 아이에게 사용했던 부정적인 말, 긍정적인 말은 무엇이었나요?
- 아이에게 해 주고 싶은 최고의 인생 조언은 무엇인가요?

강의 중에 세상에서 가장 아름다운 건 무엇이냐는 질문을 한 적이 있습니다. 보석, 하늘, 꽃, 별 등의 수많은 답변 중에서 한 답변이 감동적이었지요. 바로 '엄마의 눈'이라는 대답이십니다.

차 사고로 시력을 잃어 자포자기 하던 아들에게 엄마가 한 쪽 안구를 아들에게 기증한 겁니다. 엄마의 깊은 사랑은 아들에게는 새 삶이 되었다고 합니다.

아이는 선물입니다. 엄마는 그런 아이에게 무한한 사랑을 오롯이 전하지요. 엄마가 아이에게 보내는 따뜻한 사랑은 아이를 바르게 자라게 해 줍니다. 인생에서 물려줘야 할 평생의 사랑으로 아이를 응원하세요.

• **더 읽으면 좋은 책**

《엄마의 마음 저축》

아이의 변화를 원한다면
엄마의 마음과 행동을 바꾸는 것이 가장 빠릅니다.

―

히가시 치히로 지음, 서희경 옮김, 소보랩

아이의 마음 저금통을 채우는 엄마의 사랑

무엇보다도 가장 어려운 게 육아라고 말하는 사람들이 많습니다. 엄마도 엄마가 처음이기 때문이지요. 아이를 낳고 처음에 좌충우돌하면서 아이를 키웁니다. 아이를 잘 키우기 위해 엄마로부터 배운 육아법을 활용하기도 하고 좋은 사례를 찾아 아이를 양육하지만, 생각처럼 쉽지 않을 때가 있습니다.

초보 엄마가 겪는 마음의 문제, 아이의 긍정적인 생각을 키워주는 데 도움을 줄 수 있는 지혜로운 육아의 원칙이 있습니다. 엄마만의 시간을 잘 활용하면서 스트레스 조절을 잘하는 겁니다. 육아에 대한 스트레스도 자신의 마음 다스림으로 조절해야 합니다.

이 책은 그러한 엄마의 마음 변화에 대해 이야기하고 있습니다. 아이의 마음 저금통에 엄마의 애정을 쏟아붓는 방법에 대해 말합니다. 내 아이에게 맞는 최선의 방법을 찾고 알아가는 것은 엄마가 기본적으로 갖춰야 하는 지혜입니다. 양서를 읽고, 양육에 맞는 교육을 받는 것도 좋은 방법입니다. 무엇보다 변화를 갖기 위한 용기와 결단이 가장 중요하겠지만요.

엄마의 마음 근육을 키우는 8가지 방법

1. 엄마의 마음과 행동이 먼저 달라져야 한다.
2. 스트레스 해소를 위해 '혼자만의 시간'을 사수하라.
3. 아이에게 모아주어야 할 것은 분노가 아닌 '애정'임을 상기한다.
4. '넌 해낼 수 있어!'를 되내이면 의욕을 끌어올릴 수 있다.
5. '소소한 변화와 당연함'을 인정하는 언어로 아이의 의욕과 자신감을 끌어낸다.
6. 엄마의 마음 저축 잔고가 많으면, 아이는 자립하기 위한 노력을 시작한다.
7. 아이에게 과도하게 화를 냈다면 미안하다고 사과해야 한다.
8. 아이를 '칭찬'이 아니라 '인정'으로 키운다.

17.
아이를 행복하게 만드는 말

《나는 강물처럼 말해요》
부모의 말 한마디가
아이에게 어떤 영향을 주는지에 대한 성찰

조던 스콧 글 | 스드니 스미스 그림 | 김지은 옮김 | 책읽는곰

GE 회장을 지냈던 잭 웰치는 어릴 적 키가 작았고 말까지 더듬는 평범한 아이였다고 합니다. 주변 친구들이 '말더듬이'라고 놀릴 때 잭 웰치의 엄마는 "네가 말을 더듬는 것은 네가 매우 똑똑하기 때문이야. 네 머릿속 생각이 네가 말하는 속도보다 빨리 움직이기 때문이란다"라며 용기를 주었습니다. 잭 웰치가 겪는 열등감과 무시의 수난에 그의 엄마가 한 말은 잭 웰치를 조금도 부끄럽지 않도록 도왔습니다.

단점을 장점으로 바꿀 수 있는 생각의 전환은 부모의 위대한 한 마디에서 탄생합니다. 부모가 믿어 주어야 아이는 생각이 단단해지고 의식을 전환할 수 있는 용기가 생깁니다. 그래서 부모는 마음을 치유해 줄 수 있는 사람이어야 합니다.

얼어붙은 마음을 녹이는 부모의 말

《나는 강물처럼 말해요》 속 소년은 아침에 눈을 뜨면 자신의 방에서 들리는 수많은 사물의 이야기를 듣습니다. 아침마다 낱말의 소리가 귓기로 들려옵니다. 자신이 좋아하는 모든 사물에서 나는 소리를 듣습니다. 소년은 주변의 소리를 상상하며 자신이 깨어 있다는 사실을, 존재하고 있다는 사실을 인식합니다. 아이는 말하지 않지만, 주변의 모든 건 '낱말의 소리'로 깨어납니다.

온 세상이 자신에게 들려주는 소리는 멜로디처럼 들립니다. 아이는 주변의 온갖 것이 이루는 세상과 소통하고자 합니다. 그러나 아이는 세상이 두렵고 무섭습니다. 그저 창문 밖으로 보이는 소나무, 소나무 가지에 내려앉은 까마귀, 아침 하늘에서 희미해져 가는 달의 모습 속에서 세상을 보려고 합니다. 세상이 들려주는 소리에 응하고 싶지만 제대로 된 소리도 낼 수 없는 소년은 마음이 답답합니다. 말하려고 할 때마다 소리가 뒤엉킵니다. 목구멍에 달라붙는 낱말들의 소리는 돌멩이처럼 단단하게 조용해지지요.

아무 말도 없이 아침밥을 먹고 학교에 갈 준비를 하는 아이에게 오늘 무슨 일이 벌어질까요?

소년은 오늘 학교에서 발표를 해야 한다는 생각에 아침부터 유난히 목구멍이 꽉 막혀 버립니다. 선생님은 '가장 좋아하는 곳'에 대해 이야기해 보자고 말하지만 소년의 입이 꼼짝도 안 합니다. 친구들은 말을 더듬는 소년이 얼마나 겁을 먹었는지, 떨리는지 이해하지 못합니다.

그런 아이를 위해 소년의 아빠는 학교에서 발표가 있는 날이면 언제나처럼 아이를 데리러 옵니다. 힘들었을 소년의 마음을 감싸주고, 마음을 읽어 줍니다. 그리고 아빠는 아이와 조용한 강으로 데려 갑니다. 아이는 발표 시간에 속상하고 너무나 두려웠던 순간을 아빠에게 알려 줍니다. 발표를 못하고 아이들이 키득거리고 웃는 모습, 자신을 비웃었던 친구들의 이야기를 들려줍니다. 아빠는 조용히 아이와 강가에 앉아 아이를 안습니다. 이때 아빠는 아이에게 강물처럼 말한다고 말합니다.

아이는 말을 잘못하고 더듬는 자신의 내면에도 흐르는 강물처럼 언젠가는 변할 수 있다는 사실을 느끼게 됩니다. 물거품이 일고, 소용돌이치며 굽이치다가 부딪칠 때, 소년의 마음에 닿는 물결을 느낍니다. 강물은 잔잔하기도 하고 거친 물살도 있다는 사실을 깨닫습니다. 소년은 강물이 자신의 마음과 같다고 깨달으며 치유합니다. 아이는 울고 싶을 때마다 울음을 삼키며 생각합니다. 말하기 싫을 때마다 아빠의 말을 떠올립니다.

마지막에 강가에서 물살을 느끼는 소년의 모습은 아름답습니다. 부드러우면서 반짝이는 햇살에 비친 물살은 너무나 황홀하지요. 아빠의 마음은 아이의 연약한 마음을 포용하고, 소년을 감싸 안는 따뜻함은 아이의 성장을 바르게 도와주었습니다.

아이의 인생도
강물처럼 흐른다

《나는 강물처럼 말해요》는 캐나다를 대표하는 시인 조던 스콧의 자전적 이야기입니다. 자신의 경험을 시적인 비유와 상징을 통해 다른 사람과 다름을 인정하고 긍정적으로 변화되어 가는 과정을 책 속에 담아 냈지요.

조던 스콧은 말을 더듬으면서 한없이 작아졌던 아이였지요. 같은 반 친구들에게 웃음거리가 되었던 순간은 견딜 수 없는 경험이며 참기 힘든 시간이었지요. 아버지는 그런 아이가 스스로를 인정하고 변화하기를 천천히 기다려 주었습니다. 아버지는 아이의 인생을 바꿀 수 있도록 흐르는 강물이 어떻게 흘러가는지를 바라보게 해 주었습니다.

'강물'은 소년이 쉴 수 있는 공간, 모든 아픔도 씻어 낼 수 있는 공간을 상징합니다. 소년과 강물은 소통을 보여주며 공간 속에서 얻는 치유를 말해 줍니다. 소년은 강물의 소리를 듣고 강물은 소년의 모든 말과 행동을 물결로 감싸주고 소리로 대답해 줍니다. '내가 네가 되는 순간'의 필연적인 공간이며 치유의 시간입니다.

강물의 물결은 가파르기도 하고 잔잔하기도 합니다. 부서지고 휘돌며 흐르는 강물의 모습처럼 아들의 인생도 강물과 같다는 비유를 들어 주었지요. 이 책에 그러한 아빠의 따뜻한 마음이 잘 표현되어 있습니다.

보통 아이들은 학교에서 선생님이 아이에게 질문할 때 당당하게 말할 수 있으면 신이 나지만, 대답하지 못하거나 말이 나오지 않을 때 하루 종일 불편한 마음으로 보내지요.

왜일까요? 질문에 답을 몰라서 발표가 힘이 들 수도 있지만 다른 친구들에게 평가를 받을까 봐 두려워 말하기를 꺼리는 경우도 아이들에게는 있습니다.

아이가 스스로 다른 친구들과의 차이를 느끼는 순간, 더욱 소심해지기도 합니다. 말을 하는 걸 좋아해서 적극적으로 이야기하는 아이들이 있는 반면, 다른 친구들에게 방해하고 싶지 않거나 배려한다는 마음으로 의견을 제대로 표현하지 않는 아이도 있습니다.

아이에게 여러 가지 방법으로 말하는 것에 대한 두려움을 갖지 않도록 심어 주지만 때때로 아이의 성향에 따라 다르지요. 고학년이 되면서 점점 자신의 성격에 따라 표현하는 방법조차도 차이가 생깁니다.

"엄마, 나 발표할 때 정말 힘들었어. 손에 땀이 나고 떨렸어!"

우리 아들은 고학년이 되었을 때, 발표를 잘하고 싶은 마음이 컸나 봅니다. 친구들과 비교하는 마음이 생겨 발표하는 자신의 모습이 작게 느껴진다고 했습니다. 스스로 잘하고 싶은 마음에 남 앞에만 서면 떨리기 시작했다고 합니다. 어릴 적 자신이 최고라고 생각했던 아이는 주변에 말을 잘하는 아이들, 자신감 있게 도전하는 아이들을 보고 더 자신감을 잃었다고 했지요.

"엄마, 나 말 못해!"

당당하게 발표를 잘하던 아이는 어느 순간 자신을 표현하는 데 서툴고, 자신 없는 모습을 보였습니다. "아들, 잘하는 거야!"라고 말해 주어도 스스로 자신이 어떤 걸 잘하는지, 못 하는지를 알게 되어 힘들어 할 때가 있었지요. 아이들이 자신감이 없고 불안할 때 겁을 먹습니다. 더욱 소심해지고 앞에 나서기를 싫어하지요. 믿음직스러운 아빠, 공감해 주는 엄마를 만나면 아이들은 열등감을 얼마든지 극복할 수 있습니다.

부모의 응원을 먹고 자란
아이는 행복하다

부모의 말은 아이의 미래를 바꿀 정도로 힘이 있습니다. 아이는 뱃속에서부터 부모의 말을 듣습니다. 좋은 소리를 들려주고, 태교에 애쓰는 거지요. 태아에게 좋은 영향을 주기 위해 부드럽게 이야기해 주고 온 정성을 다해 사랑의 마음으로 기릅니다.

부모가 하는 축복의 말은 아이를 건강하고 바르게 성장하도록 해 주지만 가시돋힌 말은 평생 마음에 남아 아이를 괴롭히는 걸림돌이 될 수 있습니다. 꽃이 영양분을 받아 자라는 것처럼 아이가 자라면서 긍정적 말로 바르게 커야 하는 겁니다.

아이의 긍정적인 말은 부모와의 관계에서 시작됩니다. 긍정적인 말은 행복한 인생 성장에 필수적인 요소입니다. 아이를 행복한 아이로 키우고 싶다면, 상처는 정성스런 말과 어루만짐으로 회복되어야 합니다. 부모의 말 한 마디가 아이의 인생을 행복하거나 불행한 삶으로 만들 수 있습니다.

아이가 자라면서 스스로 할 수 있는 것에 대해 부모는 응원해 주어야 합니다. 아이가 하고 싶도록 용기를 갖는 건 부모의 말과 태도에 달렸습니다.

아이가 어린 시기에는 부모가 불안한 요소들을 미리 처리해 주는 게 아이에게 적합하다고 생각하여 간섭하는 일이 있습니다. 내 아이를 믿어야 한다는 걸 알지만, 주변의 환경에 맞춰 교육을 시킬 때도 있지요.

다른 아이들과의 경쟁에서 늦춰질까 봐 노심초사합니다. 아이들은 다 다른데 말입니다. 아이들이 고학년이 되면 아이들이 좋아하는 것이나 강점을 살려 주는 것이 더 현명하다고 느끼게 됩니다. 엄마들도 조급함을 내려놓아야 합니다.

어느 땐 엄마보다도 아이들이 더 의젓할 때가 있습니다. 어려 보이고 제 할 일을 못하는 것 같아도 아이들 나름대로의 방법과 생각으로 친구를 사귀고 학교생활을 잘합니다. 아이들을 믿어 주고 기다려 주는 것 밖에는 방법이 없음을 깨닫게 되기도 합니다. 아이의 삶이 결코 엄마의 삶이 될 수 없습니다. 아이가 자신의 삶을 개척하며 살아가도록 옆에서 토닥거려주고 친밀한 관계로 지켜 봐 주면 됩니다.

앞으로 아이에게는 거친 파도를 만나고 부서질 수밖에 없는 많은 일이 기다릴 겁니다. 그저 아이가 고난을 잘 헤쳐 나갈 수 있도록 엄마는 잔잔하고 고요히 머무를 수 있는 강이 되어 주면 됩니다. 주인공이 강물을 통해 생각하고 자신을 찾아냈던 것처럼 말입니다.

아이기 아직은 연약하고 표현도 서툰가요? 자신을 어떻게 표현할지 몰라 힘들어하나요? 유능하고 확실하지 않아도 조금씩 더 발전해가는 발견을 하면서 성장하는 게 인생입니다. 아이가 좁은 울타리에서 넓은 세상을 바라볼 줄 아는 환경을 만들어 주고, 아이를 기다리며 지지하는 역할은 부모의 몫이고요.

사랑하는 자녀가 잘 성장할 수 있도록 부모가 아이의 마음을 움직일 수 있는 말과 행동으로 본을 보여야 합니다. 아이가 어릴 때는 봄과 같은 시기입니다. 좋은 땅에 좋은 씨앗을 심어야 좋은 열매를 맺을 수 있습니다. 건강한 사람으로 자랄 수 있도록 성장에 바른 기초를 다져 주어야 합니다.

대화

- 아이가 수줍어서 말을 못 한 적이 있었나요?
- 아이는 어느 때 자신감이 없어지나요?
- 엄마는 자신이 없을 때 어떻게 하나요?
- 힘들 때 나만의 극복 방법은 어떤 것이 있나요?
- 내 도움이 필요한 사람은 누구일까요?

마음이 치유되기 위해서는 대화가 필요합니다. 아이를 키워 보니 말 한마디가 중요함을 깨달았지요. 아이는 장성했는데도 부모의 인정을 받고 싶어 하고, 잘살고 있다고 든든한 말을 듣고 싶어 합니다.

성인이 된 우리도 다른 사람들에게 부정적인 말보다 긍정적인 말을 들었을 때 사는 재미가 느껴지고 힘도 나니까요. 왜 그랬냐고 다그치기보다는 상대를 이해해 주는 말 한마디가 좋은 관계도 만들어 줍니다.

"힘들었지?"라는 말 한마디를 건네는 가족, 내 이야기를 잘 들어주며 늘 고맙다고 말하는 남편의 말은 가장 힘들었을 때 힘을 주는 말 한마디입니다.

• 더 읽으면 좋은 책

《아이의 마음을 움직이는 한마디》

부모는 '아이 일생의 위대한 지도자'이자
'아이를 인생의 중요한 길로 이끌어줄 권리'가 있다

첸스진·첸리 지음, 김진아 옮김, 제이플러스

부모가 바뀌면 아이가 바르게 성장한다

부모로서 권위와 원칙만을 내세우지 않고 아이에게 화내지 않고 키우는 법을 알려 주는 언어 양육서입니다. 부모가 먼저 바꾸어야 할 생각과 행동, 자녀를 위한 올바른 지도 방법, 부모와 아이가 행복해지는 작은 실천까지 부모가 되기 위해 갖추어야 할 태도에 대해 말하고 있습니다.

아이의 삶은 부모의 훌륭한 지도에서 시작됩니다. 이 책에서 자녀를 어떻게 키워야 하는지 특별한 깨달음을 얻을 수 있습니다. 아이의 자존감을 키우는 법칙도 깨닫게 됩니다. 갈등 상황에서도 부모가 먼저 바뀌면 아이의 성장에도 변화를 줄 수 있다고 알려 줍니다.

부모가 인내를 가지고 귀를 기울이는 이유, 다양한 체험이 아이들에게 어떤 영향을 미치는지, 부모의 생각과 감정을 정리할 수 있는 시간까지도 알려 줍니다. 부모의 모범적인 행동이야말로 아이가 세상을 알아가는 최고의 교본이 아닐까요?

행복한 육아를 위한 20가지 방법

1. 아이 스스로 계단을 오르게 하라.
2. 사랑과 칭찬은 강력한 사회적 동기를 유발한다.
3. 갈등을 해결하려면 유머를 던져라.
4. 자녀의 행동에 맞는 적절한 대우를 하라.
5. 아이에게 회복할 시간적 여유를 줘라.
6. 논쟁하는 가운데 성장한다.
7. 외모를 가꾸는 것도 타고난 재능이다.
8. 자유롭게 상상하도록 질문하라.
9. 좋은 습관은 어릴 때부터 길러 준다.
10. 아이의 눈높이에 맞게 설명한다.
11. 의기소침한 아이에게는 가능성을 심어 줘라.
12. 규칙을 무시하는 아이에게는 스토리텔링으로 전달한다.
13. 아이의 꿈에 관심을 갖고 지켜 준다.
14. 아이의 양육에 부모가 함께 참여하라.
15. 다양한 체험을 하게 하라.
16. 아이의 불안정한 감정도 따뜻하게 안아라.
17. 아이의 실패에 유연하게 대처하라.
18. 아이와의 약속을 어기지 마라.
19. 아이에게도 혼자만의 장소가 필요하다.
20. 실수와 잘못을 인정하는 용기를 심어 준다.

18.
내 인생에
귀 기울인다는 것

《 100 인생 그림책 》

인생의 변곡점에서
무엇을 얻었는지에 대한 이야기

하이케 팔러 글 | 발레리오 비달리 그림 | 김서정 옮김 | 사계절

요즘 시대를 '100세 시대'라고 부릅니다. 남녀 성별과 건강에 따라 조금씩 차이가 있지만, 한국 사람이 기대하는 수명은 2022년 기준으로 평균 83세네요. 우리에게 100세 인생은 어떤 의미일까요? 100세를 어떻게 살아야 할까요? 우리는 매일 어떤 의미로 세상을 마주하고 있나요?

동일한 시간이 주어졌다고 가정했을 때, 삶은 각양각색으로 돌아갑니다. 어떤 사람은 짧은 생애를 살더라도 굵고 단단하게 살겠다는 반면, 시간은 걸리더라도 느리게 목적지에 도착하며 여유롭게 살겠다고 합니다. 삶의 목표를 뚜렷하게 세워 놓았다고 해도 내 마음대로 할 수 없는 것이 인생입니다. 누구도 헛된 삶을 살고 싶어 하지 않겠지요.

대한민국의 1세대 철학자 김형석 교수는 "스스로 노력하면 늙지 않는다"라며 열정적으로 행복하고 보람된 삶을 위해 노력하는 모습이 100세 인생의 가치를 높여 줄 수 있다고 했습니다.

100가지 장면으로 보는 인생의 맛

《100 인생 그림책》은 100세 시대를 표방합니다. 이 그림책은 0세부터 100세까지 삶의 중요한 순간을 관찰하여 묘사한 것이 특징입니다. 그림책의 장면마다 마주하게 되는 그림은 우리로 하여금 삶의 의미를 생각하고 진짜 자신의 모습을 찾아가는 특별한 순간을 선사합니다.

하이케 팔머 작가는 갓 태어난 조카의 사랑스럽고 신비로운 탄생을 지켜보면서, 아이에게 전하고 싶은 인생의 가치를 담았다고 합니다. 그래서 마치 조카에게 인생에 대해 말하듯이 써져 있지요. 물론 화자는 엄마, 아빠로 설정되어 있지만요.

책을 한 장씩 넘기다 보면 다양한 인생의 모습을 마주하는데 어른에게는 매 순간 살아온 시간을, 아이에게는 앞으로 살아갈 시간을 떠올리게 합니다. 때론 어린 시절의 순수함으로, 젊은 시절의 열정으로, 겸허한 어른을 만나게 됩니다. 책을 읽으며 우리가 놓쳤던 인생의 순간을 질문을 통해 되찾게 해 주고 세상에서 경험할 수 있는 가치를 발견하게 하지요.

글자만 있는 책과 그림책이 다른 점을 꼽자면 단연, 그림이 우리에게 주는 감동일 겁니다. 글과 함께 그림은 우리에게 많은 이야기를 건네지요. 특히, 인생의 전반적인 이야기를 다룬 이 책에서 그림은 마치 함축적인 시와 같습니다.

맨 처음은 남자와 여자가 유모차를 보는 장면부터 시작합니다. 소중한 생명으로 태어나 부모에게 만남의 기쁨을 주는 인생의 시작을 보여 주지요. 첫 아이를 만났을 때의 감동은 세상의 어떤 것과도 비교할 수 없는 특별함입니다.

하이케 팔머 작가는 '삶은 갖가지 경험을 사람들과 함께 나누면서 채우는 일, 각자의 삶에 어떤 의미를 주는 일'이라고 했지요. 그래서인지

이 책에 다양한 경험과 생각을 담으려 한 노력을 살필 수 있습니다.

　형형색색의 다양한 나뭇잎을 보여 주면서 아이에게 이 세상이 얼마나 넓은지 알려 주고, 사람의 눈으로 볼 수 있는 가장 먼 천체인 안드로메다 은하를 보면서 우주의 광활함을 알게 되고, 친구와 사랑하는 법을 배우면서 깊은 세상을 어떻게 만나는지 보여 주지요.

　영원히 함께 하고 싶은 사람을 만나 사랑도 하고 좋은 가정을 만들기 위해서는 적당한 거리를 두는 법도 배워야 한다는 것도 말해 줍니다. 사회라는 세상에 나와서 다양한 사람들을 만나 다양한 감정을 배우고 선택하는 결정을 알려 주기도 합니다. 이를 배운 아이는 세상 사람들의 차이를 인정하고 타협하는 방법이나 자신의 삶의 균형을 잡아가는 법을 터득하며 인생이라는 길을 걷게 되겠지요.

행복한 인생은 어떤 인생일까

　《100 인생 그림책》에서 우리는 살면서 인생을 잘 버티는 법을 알아야 잘살 수 있다고 배우게 됩니다. 인생에서 아주 좋을 때와 아주 나쁠 때가 있고 인생을 잘사는 것은 적절한 관계를 잘 유지할 줄 알아야 한다는 교훈을 알게 되지요.

　저도 교육가로서 이론으로는 설명할 수 있지만, 현실에서 부딪히게 되는 문제에는 당황하게 되어 실수투성이의 엄마가 되기도 합니다. 하지만 아이를 키워 보니 아이는 결국 자신의 삶을 찾아 가게 되어 있더군요. 엄마로서 양육도 필요하지만 어느 순간부터는 함께 걸어가는 보조자의 역할이 더 중요합니다.

적절한 토양에서 잘 자라는 나무들의 모습을 연상해 보면 어떨까요? 나무는 서로 피해를 주지 않으면서 햇볕을 향해 자연스럽게 각자의 위치를 지키거나 배려하면서 자랍니다. 부모는 아이들이 때에 맞춰 자라도록 햇볕을 주고, 물을 주고 때를 기다려 주면서 사랑의 마음으로 지켜보는 역할이 전부 아닐까 싶습니다.

어린 시절 아이에게 부모는 세상을 알아가는 신뢰의 대상이 됩니다. 부모는 자녀에게 세상 살아가는 방법을 가르쳐 주고 자라는 모습을 보면서 행복을 알게 되지요. 살면서 좋은 일과 유쾌하지 않은 일들도 겪을 수 있고 병들고 죽는 것까지도 깨닫는 시간 속에서 인생이 무엇인지 배우게 됩니다.

음식의 단맛, 쓴맛, 신맛, 매운맛을 인생에 비유하기도 합니다. 맛에 따라 감각의 경험은 다양합니다. 아이들에게 맛을 경험하게 하며 감각을 좋게 하듯 우리가 느끼는 다양한 인생은 어떤 맛일까요?

나이대 마다 깨달음이 다르다

저는 인생 60세를 맞이하면서 노인이라는 생각을 하게 되고 삶의 가치와 의미에 대해 예전과 다른 세상을 바라보게 되었습니다. 세상의 온갖 냄새에 관심을 갖고 자연의 색과 향에 취하는 여유가 생겼지요. 듣는 귀가 순해져 옳은 소리를 듣고 전하려고 하고 융통적인 관계를 통해 삶을 발견하기도 합니다.

어떤 사람은 이 시기에 새로운 일에 도전하지 않고 일상을 살 때 행복을 느끼기도 합니다. 때론 그동안 하지 못했던 새로운 일을 도전하며 제2의 인생을 살기도 하지요. 늦은 때란 없습니다. 젊어서 잘할 수 있는 일과 나이가 들어 인생을 빛나게 해 줄 일이 각각 다르기 때문입니다.

나이가 들어서 좋은 점은 세상의 이치를 올바르게 가르쳐 줄 수 있다는 점입니다. 해 보고 싶었던 목표가 있었다면 후회하지 않고 해 보는 것, 새로운 도전도 두려워하지 않는 것이 진정으로 잘 사는 삶의 태도가 아닐까 싶습니다.

99
살면서 무엇을 배웠을까?

인생을 마무리해야 할 때가 오면, 젊어서 쉽던 일이 쉽지 않아집니다. 계단을 오르는 일도 힘들어지고, 맛도 느낄 수 없고, 요리하는 일조차 힘들게 느껴지지요. 눈 잠깐 돌린 사이에 모든 것이 달라져 있을 수 있습니다. 어느새 노인이 되어 다른 사람의 도움을 받아야 할 때도 오고 아플 수도 있습니다. 사랑하는 사람이 먼저 아플 수도 있지요. 주변의 어르신들의 이야기를 들으면 치매만큼은 꼭 피해가고 싶다고 합니다. 자신의 삶을 잘 마무리하는 법을 알거나 삶의 욕심을 내려놓는 법을 알아도 건강만큼은 피해갈 수 없는게 인생이지요.

인생을 마무리해야 하는 시점에서 오랜 시간 함께 할 수 있는 친구가 남아 있다면 얼마나 다행인 삶일까요? 가족이 가까이 없다면 반려동물을 돌보며 위안의 시간을 선택해도 좋을 것 같습니다. 나이가 들수록 정서적 안정이 될 수 있는 것이 동물이어도 좋고, 친구나 종교적 가르침도 편안함을 줄 수 있습니다. 어떤 존재가 필요한 지는 우리 각자의 선택이며 몫입니다.

<u>마침내 때가 되었다는 걸 느끼는 순간,
너는 지금 이 순간을 훨씬 충실히 살 수 있어.</u>

《100인생 그림책》© 하이케 팔러 글, 발레리오 비달리 그림, 김서정 옮김, 사계절

나이가 들수록 인생은 젊은 시절처럼 찬란하거나 불타오르지는 않을 겁니다. 하지만 나의 인생에 대해 사람들은 질문을 할 거고, 인생이 네게 무엇을 가르쳐 주었냐고 묻게 되겠지요. 사람들이 인생이 무엇이냐고 물으면 최선을 다해 살았노라고 말할 수 있어야 합니다.

100세 인생을 깊이 생각하는 시간

우리의 삶은 매일 똑같아 보여도 누군가에게는 특별한 삶이기도 하고, 그렇지 않기도 합니다. 인생을 살면서 중요한 깨달음 중의 하나는 가장 행복하고 잘할 수 있는 걸 알아가는 겁니다. 현재의 내 삶에서 가장 소중한 인생의 가치를 찾아야 하는 이유입니다.

잘 나이 든다는 것은 '웰다잉'의 멋진 준비입니다. 젊어서는 생각도 할 수 없는 먼 이야기처럼 들리지만, 웰다잉을 생각하면 객관적인 자신의 삶을 성찰하게 되지요. 자신만의 깊이 있는 생각과 성찰은 자기 발견의 시간을 가져다 줍니다. 내가 미처 깨닫지 못했던 삶의 소중한 순간을 만나기도 하고 내 마음의 소리를 잘 분별하는 힘이 커지기도 합니다.

자신의 가장 빛나던 시절과 꼭 해야만 하는 일이 무엇인지 찾아가는 시간을 갖는다면, 100세 인생을 위한 의미 있는 시작을 한 거지요.

오늘의
그림책 인문학

인생

- 내 인생의 소중한 가치는 무엇인가요?
- 인생이 무엇을 가르쳐 주었나요?
- 지금 당신 마음의 소리는 무엇일까요?
- 언제 나이가 들어감을 느끼셨나요?
- 나이듦의 참 의미는 뭘까요?

인생은 누군가 가르쳐 주지 않고 경험을 통해 알아가고 성장해 갑니다. 인생은 매일의 선택입니다. 예기치 않은 매 순간을 어떻게 살아가는가에 따라 인생의 발자취를 남기게 됩니다.

인생에서 만나게 되는 수많은 어려움과 기쁨은 우리에게 어떤 의미를 주나요? 어제의 고민과 걱정으로 우리의 일상이 불안한가요? 잘 나이든다는 것, 어떤 삶이 가치 있는지 생각해 보세요.

• 더 읽으면 좋은 책

《100세 시대를 준비하는 열 번의 성장》

100세 시대를 살아가는 우리에게
특별히 확장된 노년기를 현명하게 맞이하는
지혜를 제공한다.

도날드 캡스 지음, 오은규 외 옮김, 학지사

10번의 성장으로 완성되는 100세 인생

인간의 삶은 10년 기간의 생애 주기를 통해 스스로를 통찰하고 돌봄의 지혜를 완성해 갑니다. 에릭슨의 모델 이론은 특별히 확장된 노년기를 맞이하는 우리 세대에게 유용한 개인의 발달에 적합한 발달심리학적 이해를 돕습니다.

희망찬 자기는 신뢰의 기초 위에 성장하며, 의지적 자기는 자율적인 노력이 중요한 역할을 합니다. 목적 지향적 자기는 '적합한' 목적을 찾아내고, '양심'을 갖춘 목적이 있는 삶의 능력을 필요로 합니다. 유능한 자기는 인간관계의 유능감이 커다란 만족감과 좌절감을 갖게 하고 신실한 자기는 복합적인 자기 속에 자아를 형성하며 자신에게 진실해지는 것의 중요성을 깨닫게 합니다.

사랑을 베푸는 자기는 인간의 강점인 사랑을 모든 단계에 통합시킬 수 있으며, 돌봄을 베푸는 자기는 돌보는 것이 무엇인지 아는 법을 배우게 되기도 하고, 무관심한 상태에 빠지기 쉽기도 한 은퇴의 시기를 만나게 됩니다. 지혜로운 자기는 인생의 고결함과 관대한 인내심이 많으나 희망의 상실로 오는 절망감과 혐오감을 겪기도 하고, 우아한 자기의 중요한 역할은 늙어감에도 불구하고 연속성을 유지하는 정체성으로 해방을 느끼고 스스로를 통제할 수 있는 힘이 생깁니다. 인내하는 자기는 살면서 본 세상의 변화를 회상할 수 있는 멋진 시기로 구분했습니다. 인생은 삶의 단계만큼 다양한 내면의 힘과 각 단계에서 얻게 되는 최적의 인격 발달을 반영하는 능력에 따라 성장합니다.

100세 인생을 정리한 10가지 키워드

1. 희망찬 자기(0~9세)
2. 의지적 자기(10~19세)
3. 목적 지향적 자기(20~29세)
4. 유능한 자기(30~39세)
5. 신실한 자기(40~49세)
6. 사랑을 베푸는 자기(50~59세)
7. 돌봄을 베푸는 자기(60~69세)
8. 지혜로운 자기(70~79세)
9. 우아한 자기(80~89세)
10. 인내하는 자기(90~99세)

19.
내면아이를 끌어안는 일

《어른들 안에는 아이가 산대》
자기 안의 순수하고 본질적인
아이다움에 대한 고찰

헨리 블랙쇼 글·그림 | 서남희 옮김 | 길벗스쿨

아이는 빨리 커서 어른처럼 살고 싶다고 합니다. 어른이 되면 할 수 있는 게 많다고 생각하는 거지요. 아이의 눈에는 어른이 위대하고 멋져 보일 수 있습니다. 그래서인지 아이들은 종종 "난 아빠처럼 될 거야!" "난 엄마처럼 될 거야!"라는 말을 자주 합니다. 아이에게는 부모가 세상에서 가장 멋져 보이기에 아빠처럼, 엄마처럼 세상에서 가장 멋진 사람이 될 거라고 믿습니다. 사랑스런 아이의 말 속에는 엄마, 아빠를 진정으로 사랑하는 마음이 가득 담겨 있습니다.

반대로 어른은 아이처럼 살지 않아도 마음속에는 아이를 품고 살고 있을 때가 있습니다. 어른처럼 행동을 하고 말하기 위해 지켜야 할 것이 많지만, 때론 어린아이처럼 어떤 것에도 거리낌 없이 자유롭기를 꿈꾸지요. 부모의 역할을 잘해야 한다고 노력하지만 어른의 역할은 쉽지 않으니까요. 살면서 잊고 살았던 내 안의 정체성을 일깨워 주고 나를 돌아보게 하는 진짜 물음을 만나게 됩니다.

'내 안에 어린아이 같은 마음은 왜 들까?'

어른이 되어도 내면아이를 피해 살 수 없습니다. 우리 안에는 현재의 모습과는 다른 어린아이가 있지요. 어른이 되어도 여전히 내 안에 사는 어린아이를 만납니다. 다 자란 척, 아무렇지 않은 척, 완벽한 어른인 척하지만 속마음은 떼쓰고 싶고 울고 있는 아이같은 감정의 내면아이가 살고 있지 않나요? 힘들 때마다 불쑥불쑥 튀어 나와 나조차 당황하게 만드는 아이가 따라다닙니다. 가령, 아이를 훈육하다가 아이 앞에서 엉엉 울어 버리는 순간이 그렇지요.

우리는 모두 성숙한 어른으로 살고 싶어 합니다. 그러나 어린 시절 겪고, 치유되지 못했던 감정들을 마음에 남겨 놓은 채 살아갑니다. 어떤 사람은 부모로부터의 상처, 형제 간의 상처, 친구와의 관계에서 만들어진 내면아이가 있습니다. 어릴 나와 상처의 크기에 따라 내면아이는 세상과의 단절의 차이도 다릅니다. 그런데 내면아이를 피해 도망가고 부정하면 '진짜 나'를 찾기 어렵습니다. 진짜 나를 만나기 위해서는 자신과 똑바로 직면하는 삶을 살아야 하지요. 그래야 자존감을 회복하고 단단한 삶이 됩니다.

내면아이는 숨길 수 없다

《어른들 안에는 아이가 산대》는 그런 어른들을 위한 그림책입니다. 표지를 볼까요? 푸른 중절모에 양복을 멋지게 입은 남자 안에 색이 없는 모자를 쓴 개구쟁이 남자아이가 겹쳐 있습니다. 어른의 마음속에 사는 어린아이의 존재를 시각적으로 잘 표현해 냈지요. 책장을 한 장씩 넘기다 보면, 마음속에 사는 지친 어른, 완벽한 어른, 못된 어른까지도 만나게 됩니다. 아이들의 마음을 대변해 주듯 모든 어른은 아이들을 품고 있다고 보여 줍니다. 아이들이 이 글을 읽는 순간, 어른들도 아이 같은 마음이 있다고 이해하고 공감할 겁니다. 책은 눈을 뜨고 차근차근, 또렷이 어른들을 꼼꼼히 살펴보라고 하지요. "잘 봐! 잘 보면 보일 거야. 어른들을 꼼꼼히 살피면 어른들이 가끔 하는 이상한 행동을 알 수 있어!"라고 어른을 이해하기 위한 이야기를 풀지요.

이야기는 계속 어른들 속 아이를 살피며 나갑니다. 작은 고양이를 보고 놀라는 모습, 사랑에 빠져 아이처럼 혀 짧은소리로 간질간질 이야기하는 모습, 한정판이라며 새로운 물건을 꼭 사야 한다는 모습 등 아이들이 보았을 때도, 어른들이 아이 같은 모습이지요.

아이들은 어른의 모습을 보면서 궁금한 것도 많습니다. 어른들의 모습을 모방하며 자랍니다. 엄마, 아빠는 뭐든지 잘한다고 생각하고 따라 하려고 하지요. 자녀에게 좋은 본보기를 보여 주는 것이 어른입니다. 아이들은 엄마, 아빠를 통해 세상을 배워 나갑니다. 아이들이 자라면서 만나는 어른들의 모습은 아이들에게 어떤 모습으로 보일까요?

<u>어른들은 자기 안에 있는 아이를 숨기려고
항상 바쁜 척하고 스트레스 받는 척을 해.
하지만 자기 안에 분명히 있는 아이를 어떻게 …
계속 숨길 수 있겠니?</u>

우리는 어렸을 때의 결핍이나 상처를 덮어 두려고만 합니다. 살아 보니 그 상처는 마음이 약해지면 상처로 돋아나고 아물었다가 합니다. 어른들이 항상 바쁜 척하고 스트레스 받는 건 자기 안에 있는 아이를 숨기려고 하기 때문입니다. 마음 속 깊이 숨기고 있는 감정을 내면아이도 어쩌지 못하고 힘들어 합니다. 업무 과다에 대한 부담감으로 오는 스트레스, 자신의 생각과는 전혀 다른 방식의 문제 해결 등 어른이 감당해야 할 일들이 많습니다. 삶에 유익하지 않은 줄 알지만 어른들은 스트레스를 가지고 살아갑니다.

아이들은 어떨까요? 6세 미만의 아이들은 자신의 분노나 스트레스의 원인을 잘 알지 못합니다. 그래서 어른은 아이들이 이해할 수 있도록 아이의 감정을 대신 설명해 주어야 합니다. 속상하게 잠이 들지 않고 평온한 상태에서 잠이 들게 해야 합니다. 부정적인 감정은 잠을 자는 동안에도 아이 안에 계속 남아 영향을 미칠 테니까요.

내 안의 아이를 만나는 시간

우리에게 어린 시절은 아주 중요합니다, 우리 안에 사는 아이가 평생 잊지 못할 것을 배우는 시기이기 때문이지요. 자신을 어떻게 살아가게 할지를 돌보는 중요한 시기입니다. 건강한 어른이 되기 위해서는 어린 시절에 자신의 가치를 존중할 줄 알아야 잘 성장합니다. 자신의 가치를 잊지 않고 살기 위해서 어린 시절의 나를 즐겁게 보낼 수 있게 해야 합니다. 세상을 배우는 다양한 감정을 잘 견디며 스스로 감정을 마주해야 합니다. 내면의 성숙한 나를 만날 수 있다면 어른이 되어서도 성숙한 나를 만날 테니까요.

어린 시절의 경험은 오랫동안 남게 됩니다. 어린 시절이 부정적인 기억이 될지 긍정적인 삶의 원동력이 될지는 부모의 양육 방식에 따라 차이가 나겠지요. 어린 시절의 긍정적이고 적절한 자극과 경험은 인간의 기초적인 인격을 형성하는데 매우 중요한 시기입니다.

그래서 어린 시절은 아주아주 중요해.
안에 사는 아이가 평생 잊지 못할 것들을
배우는 시기거든.

《어른들 안에는 아이가 산대》 ⓒ 헨리 블랙쇼, 서남희 옮김, 길벗스쿨

스스로에게 이런 약속은 어떨까요? 내면의 아이를 언제나 아껴 주고 그 목소리에 귀 기울여 주고 마주하겠다고요. 그 아이가 진정한 어른이 되기를 환영하고 격려할 수 있는 시간을 허락하겠다고 말이지요. 자신을 아끼고 돌볼 줄 아는 사람, 자신이 무엇을 진정으로 원하는지 살펴보는 사람이 된다면, 내면아이가 있어도 재미있게 살 수 있습니다.

내면을 잘 돌보는 다양한 방법을 다음과 같이 제안합니다.

- 내 목소리에 귀를 기울여 주기
- 나에게 의견을 물어 문제를 해결하기
- 인생의 걸림돌을 발견하고 왜 그런지 통찰하기
- 나를 다독이면서 살기
- 척하지 말고 있는 그대로 나를 인정하기

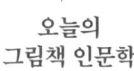

오늘의
그림책 인문학

내면아이

- 나의 어린 시절은 어땠나요?
- 어린 시절에 두려웠던 적이 있었나요? 따뜻했던 기억은?
- 어린 시절로 돌아간다면 제일 먼저 하고 싶은 건 무엇인가요?
- 지금 내 안에는 어떤 아이가 살고 있나요?
- 내면아이를 건강하게 하는 방법은 무엇일까요?

건강한 나, 친절하고 착한 어른으로 살아가기 위해서는 내 안에 갇혀 있는 나약하고 부끄러운 나를 발견하고 토닥거려 주어야 합니다. 어린아이처럼 실컷 웃어 보기도 하고 슬플 때는 눈물을 흘리고, 누군가에게 위로받기도 하면서 나를 치유하는 시간이 필요합니다.

내면아이를 잘 키우기 위해 그대로인 나를 받아들이고, 귀 기울여 주며 자신을 응원해 줘야 합니다. 자신을 아끼고 돌보는 시간, 자신을 응원하며 내면의 나를 통찰하는 순간이 있기를 응원합니다.

• 더 읽으면 좋은 책

《자기 돌봄》

스스로 자신을 돌보는 것이야말로
불안과 불확실로 가득한 세상을 살아가는
가장 확실하고 빠른 방법이다.

타라 브랙 지음, 이재석 옮김, 생각정원

자신을 돌보며 참된 나를 찾는 여정

자신을 돌볼 줄 아는 삶은 자신의 가치를 잘 알고 존중할 때 내 삶은 진정한 가치를 갖습니다.

'자기 돌봄'은 구체적인 자기 사랑법입니다. 나를 괴롭히는 생각을 멈추고(멈춤), 깨어서 나를 관찰하고(마음 챙김), 진짜 '나'를 인식하고(통찰), 나를 사랑하고 온 세상을 껴안는(포용, 완전한 깨달음) 과정에서 완전한 자기 이해가 일어납니다.

이 책은 현재의 시간 속에서 '지금'의 참된 나를 찾는 법, 마음 챙김을 깊숙이 하는 법을 알려 줍니다. 지속적인 행복과 자유는 외부가 아닌 자신의 본성을 깨닫게 될 때 가능하다고 말합니다. 타인에게 잘 보이고 잘하려는 노력 뒤에 숨지만 말고, 지금 자신의 열등감을 멈추고 나의 마음 필터를 바르게 작동해야 합니다.

이 책은 10가지 명상으로 나를 찾아가는 깨달음을 얻을 수 있다고 말합니다. 패스트푸드 명상과 깨달음, 호흡을 통한 멈춘 명상, 지금, 여기에 깨어 있는 명상, 나를 용서하고 화해하는 명상, 생각의 필터를 점검하는 명상, 일상의 두려움과 함께 살아가는 명상, 용서하는 마음을 계발하는 명상, 진정한 자비를 깨우는 수행, 내 안의 분노를 잠재우는 명상, 세상을 사랑하는 명상 등…. 세상과 조화롭게 살아가면서 실천해야 할 자기 사랑법을 알려줍니다.

자기 돌봄을 위한 5가지 법칙

1. 좋거나 나쁜 것은 없다. 단지 생각이 있을 뿐이다.
2. 당신의 생각이 당신의 운명이 된다.
3. 내 마음이 쉬는 의자를 마련하라.
4. 사랑은 고통 없이 완성되지 않는다.
5. 지금, 나부터 사랑하라.

20.
어떤 일상을 선택할지는 나에게 달렸다

《두 갈래 길》

인생이라는 길에서 선택해야 할
태도에 대하여

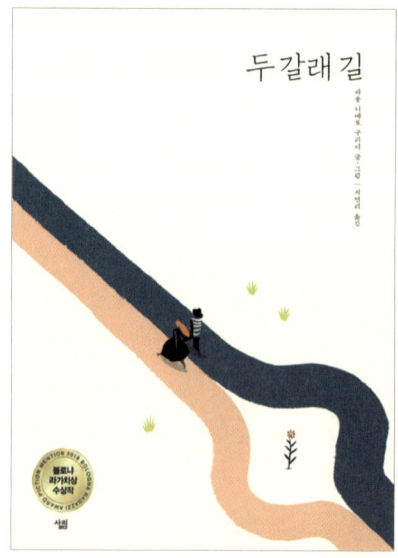

라울 니에토 구리다 글·그림 | 지연리 옮김 | 살림출판사

길은 세상과 연결되고 인간의 역사와 교류하며 의미를 갖습니다. 직선의 길은 효율적이고 경제적인 의미를 갖고 좀 더 빠르게 도착지에 도착하게 하지요. 직선은 새로운 길을 낼 때 효율적이고 경제적입니다.

곡선의 길은 어떤가요? 빠르게 목적지에 도착하려고 하지 않고 느려도 운치 있게 세상을 구경하면서 갈 수 있는 길입니다. 여행을 하다 보면 오래되고 불편해도 곡선의 길을 찾아 나서는 사람도 종종 만나게 됩니다.

어떤 길을 선택할지 생각하다 보면, 뜻밖에 기쁨을 느끼곤 합니다. 곡선은 느림의 감정선을 일깨워 줍니다. 사람들이 만들어 가는 자신만의 역사도 개인의 취향이나 원하는 방향에 따라 세상과 통하고 길과 만나게 되겠지요.

길에는 왕도가 없다는 말이 있습니다. 어떤 이에게는 쉬운 길도 다른 사람들에게는 어려운 길이 될 수 있고, 어렵게만 생각했던 길을 묵묵히 해결해 나가면서 자신의 길을 만들어 가는 사람들도 우리 주변에는 많이 있습니다. 그래서 인생은 각자가 만들어 내는 예술 작품이 아닐까요?

인생은 각자가 만드는
예술 작품

우리는 모두 인생을 걸어갑니다. 자신만의 방에서 출발하여 여자로서, 남자로서의 삶의 길을 걷게 됩니다. 닫혀 있는 인생의 문 안에서 걸어 나와 예기치 않는 길들을 만나게 됩니다. 문을 나설 때 새로운 인생이 시작됩니다.

《두 갈래 길》은 '인생은 길과 같다'는 말로 시작합니다. 두 개의 길 위에, 두 사람이 서 있습니다. 구불구불 길, 곧은 길, 꺾인 길, 연결된 길, 끊어진 길…. 그 길 위에서 두 사람은 탐구하고, 사색하고, 사랑하고, 살아냅니다. 오른쪽과 왼쪽이 서로 대비되거나 연결성을 가지고 이어지는 그림이 보는 이로 하여금 많은 생각을 하게 하지요.

인생 앞에 펼쳐진 길 위에서 우리는 두려움이 많습니다. 가보지 못한 길에 대한 두려움, 미숙한 정보로 실수하게 되는 두려움, 만나고 헤어짐에 대한 슬픔이 두렵습니다. 해결하려고 해도 쉽게 풀리지 않는 인생의 수수께끼도 있습니다. 누구나 갖고 있는 두려움은 피할 수 없는 대상이 될 수도 있고, 상황이 될 수 있습니다.

엄마로서 가장 두려웠던 순간은 아이가 아플 때였습니다. 아이가 어릴 땐 면역력이 약해 병원에 자주 갔습니다. 아이가 새벽에 열이 높아서 응급실에 갔던 경험, 외국 여행을 갔을 때 엄마를 찾는다고 길을 잃은 아이를 찾으려고 놀랐던 마음들이 남아 있는 두려움입니다. 어쩔 수 없이 벌어지는 상황이 아닌 마음속 불안에서 벌어지는 두려움은 새로운 길을 가는 데 방해가 됩니다. 하고 싶은 마음을 실행하지 못하게 하는 부정적 감정을 초래합니다.

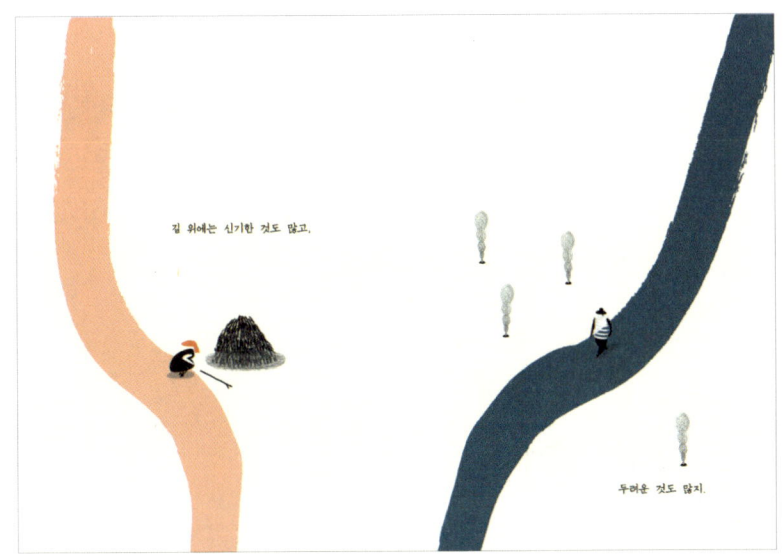

《두 갈래 길》 ⓒ 라울 니에토 구리다, 지연리 옮김, 살림출판사

다시, 길 위로 돌아가 봅니다. 우리는 길 위에서 선택을 해야 할 때가 많습니다. 선택이 어려울 때는 잠시 멈춰 고민에 잠겨 보는 것도 지혜로운 모습입니다. 어떤 순간이든 고민을 하며 해결책을 찾아야 할 때는 멈추어 서서 생각하는 시간을 활용하면 좋습니다. 인생을 좌우하는 중요한 결정뿐 아니라 사사로운 고민도 해결하는 방식에 따라 삶에 축적되면 의미가 됩니다. 스스로 그 비결을 찾게 되면 나만의 길을 찾을 수 있습니다.

> 중요한 결정을 내려야 할 때도 있고,
> 잠시 멈춰 고민에 잠길 때도 있어.

빠른 길도 있고 지름길을 알면서도 돌아가는 길을 걸어야 할 때가 있습니다. 우리에게 생각할 시간을 가지고 잠시 느리게 가라는 뜻입니다. 마음이 편안해야 선택의 오류를 줄이고 바른 판단을 할 수 있습니다. 조급한 마음은 인생을 더 두렵게 만들고 불안하게 만들기 때문이지요. 그럴 땐 느리게 천천히 가는 것이 도움이 됩니다.

인생이라는 길에서 행복을 줍는 법

길 위에서 흘러가는 시간에 대해 이야기해 볼까요? 아이를 낳으면 엄마의 시간은 아이와 같이 흘러갑니다. 아이가 유치원생이면 유치원생 엄마가 되고 아이가 초등생이면 초등생의 엄마의 삶을 삽니다. 엄마는 아이의 삶과 같이 길을 걸어가게 되지요.

아이가 유치원, 초등학생일 때는 시간이 느리게 가는 것처럼 느껴집니다. 아이는 정신적으로 자신의 표현도 미숙하고 키가 조금씩 자라니 성장하는 것도 모두 더디고 감정도 어리게만 느껴집니다. 아이가 사춘기가 되면, 사춘기를 보내는 아이, 갱년기를 겪고 있는 부모를 만날 수 있습니다. 모두가 힘든 시기를 보낼 때는 시간이 빨리 지나가는 것도 모르고 아쉬운 시간을 보낸 것에 후회하기도 합니다. 사춘기 아이의 마음을 알아준다면, 시간이 흘러도 최소한 아이는 아이대로, 부모로서의 마음도 위로를 받는 시간이 될 겁니다.

지금 시간이 느리게 흐르고 있다는 생각이 들 땐 취미 생활에 도전해 보세요. 동네 카페에 가면 삼삼오오 모여 게임 동아리를 하거나 뜨개질을 함께 하기도 합니다. 독서 나눔을 하면서 쓸모 있는 시간을 보내는 것도 좋은 방법입니다.

인생의 길에는 장애물도 있지요. 알면서 밟고 가야 하는 장애물이 나타나기도 하고, 새로운 장애물을 치우거나 고쳐가며 살아야 하는 게 인생입니다. 고통을 겪고 이겨 낸 사람만이 성숙한 사람이 될 수 있습니다. 고통을 극복하는 방법은 그 고통의 길을 잘 통과해야 하는 수밖에 없습니다.

걸어온 길을 되돌아가야 할 때도 있습니다. 우리가 약해졌을 때 되돌아 온 길을 걸으면서 자아를 회복하기도 하고 힘들어서 주저했던 용기도 선택할 수 있게 되지 않을까요.

친구들끼리 가끔 하는 말이 있습니다. 어느 때로 가보고 싶냐고요. 사람들은 대개는 찬란하게 아름다웠던 시기로 되돌아가면 좋겠다고 합니다. 만약 열정적이던 청춘의 시기로 되돌아 갈 수 있는 시계가 있다면 여러분은 어떤 선택을 할 건가요?

60세가 되니 크게 욕심을 내지 않게 됩니다. 산다는 것이 어떤 건지 경험해서인지 지금이 가장 좋은 듯합니다. 다시 과거로 되돌아가서 이 긴 시간을 걸어오고 싶지 않은 마음도 큽니다. 그래도 어떤 사람들은 과거로 되돌아간다면 연애를 못해본 사람은 연애를 한다고 하고, 배우는 걸 놓친 사람들은 꼭 배우고 싶은 것이 있다고 합니다. 모든 아쉬운 것들은 미련으로 남기도 하지만 지금의 시간은 새롭게 주어진 시간입니다. 그때라서 못한 것이 아니라 지금 행복하고 싶다면 작은 것이라도 도전하며 기쁨을 느끼는 삶을 선택하면 됩니다.

혼자서만 걸어야 하는 길이 있습니다. 그 길에서는 말없이 혼자 성찰하는 시간을 가집니다. 저는 주로 영혼을 맑게 하는 시인들과 작가들의 글들을 마주하게 될 때, 삶의 철저한 고독의 시간을 만나게 됩니다. 우리 삶은 혼자 걷는 길에서 진정한 자신의 삶과 마주하고 원하는 방향을 찾아갑니다. 자신을 성찰하고 조망하는 사람만이 충만한 삶의 기술을 가질 수 있습니다. 인생의 갈림길에서 언제나 스스로의 선택에 의해 삶의 방향이 결정됩니다.

처음 걷는 길이라도 함께 걸으면 든든하다

책의 뒷부분에서 따로 지내던 두 사람이 같은 길 위에서 만나는 장면이 나옵니다. 두 사람은 두 갈래 길에서 서로 만나 한 길을 걷습니다. 반려자의 길은 함께 인생을 만들어 가고 용기 있게 걷는 삶입니다. 두 사람이 부부가 되어 걷는 길은 서로 다름을 인정하고 각각의 길을 따로, 또 같이 걷는 길입니다. "결혼은 환상이고 부부는 현실이다"라는 말처럼 부부가 행복하기 위해서는 알아야 할 기본적인 지침이 필요하지요. 바로, 존재에 대한 이해와 공감입니다.

  어떤 사람은 작은 일에 서운한 일이 많다고 하소연하는 사람도 있고, 중요한 결정에 자신을 소외해서 서운한 마음을 겪기도 합니다. 같은 듯 다른 두 사람이 만나 삶을 만들어가는 것이 쉽지만은 않습니다. 두 사람의 행복은 함께 만들어 가야 합니다. 우리는 완벽한 가정생활을 완성하기를 꿈꾸지만 서로 완전히 믿고 신뢰해야만 행복한 시간을 만들어 낼 수 있습니다. 반쪽 신뢰는 언제든 무너집니다.

  믿음직하고 신뢰할 수 있는 사람을 만나기 위해서는 나 자신도 신뢰를 주는 행동을 해야 합니다. 좋은 배우자를 만나는 건 내가 100퍼센트 신뢰와 최선을 다할 때 가능한 일입니다.

  이미 배우자가 있다면, 나의 배우자는 좋은 사람이라고 주문을 외워 보면 어떨까요? 그리고 좋은 배우자를 만난 나도 좋은 사람이라고 생각해 보세요. 인생이란 길은 혼자가 아니라 너와 내가 만나 더 아름다운 세상을 만들어 가는 겁니다. 그림책 속 두 사람이 각자 살던 안락한 공간에서 반려자를 만나 한 집으로 들어가 듯, 나의 반려자와 만들어 가는 새롭고 성숙한 길이어야 합니다. 두 사람의 집이 만들어지고 하나가 되는 과정, 어렵고 힘든 길일 수록 인생은 더욱 찬란해지겠지요.

  라울 니에토 구리다 작가는 "자신의 삶을 밝혀 주는 사람들을 사랑하며 서로 행복하기 위해 글을 쓴다"고 했습니다. 삶이란 길은 서로 함께

가며 성장하는 만남이 소중한 가치가 있다는 사실을 알려 줍니다. 그래서 이 책은 각자의 삶을 존중하며 용기 있는 자신의 길을 선택하도록 따뜻한 위로를 선사하지요.

　길이란 이 세상에 살고 있는 동안 여전히 앞으로 걸어가는 삶의 여정이며 숙명입니다. 낯선 길에 대한 두려움으로 한 발도 쉽게 내딛지 못하고 시작도 하지 않을 수 있고, 새로운 길에 대해 도전하는 인생이 될 수 있습니다. 인생이 마치 '가리워진 숲'처럼 느껴지지만, 그럼에도 어떤 희망이 우리를 기다리고 있을지 모릅니다. 우리는 길의 끝을 알 수 없고 길 위에서 어떤 것을 만나게 될지 알 수 없지요. 우리 모두 인생이 처음이니까요.

오늘의
그림책 인문학

태도

- 두 갈래 길을 만났을 때 어떤 길을 선택했나요?
- 나에게 결혼은 어떤 의미인가요?
- 둘이 하나가 된다면 어떤 노력이 필요할까요?
- 가정의 행복은 무엇이라고 생각하나요?
- 나에게 후회하지 않는 삶은 어떤 건가요?

사람은 헤아릴 수 없는 수많은 마음 갈래를 가지고 살아가고, 인생은 예측할 수 없습니다. 스스로 해결해야 할 문제와 타인과의 관계 속에서 삶의 문제를 찾고 방법을 해결해 나가곤 합니다.

유연한 삶의 태도가 필요할 때가 있고 강력한 태도로 자신의 길을 만들어 가야 할 때가 있습니다. 그래서 우리의 삶은 속도계와 같습니다. 빠르고 신속하게 살아야 할 인생의 순간이 있고 느리고 천천히 가면서 만나고 해결해야 할 삶이 있습니다. 인생 초반과 중반으로 삶을 평가할 수 없는 이유지요. 되돌아보며 점검하는 시기면 충분합니다. 자신의 약점을 발견하고 보완해가는 사람, 장점을 활용해 자신의 존재 가치를 높이는 사람은 이미 행복한 길을 걷고 있는 겁니다.

• **더 읽으면 좋은 책**

《햇빛은 찬란하고 인생은 귀하니까요》

살아온 시간을 되짚고 살아갈 시간을 생각하며
인생을 햇빛처럼 찬란하게 살자.
시련을 견디는 건 희망을 기다리는 마음 때문이다.

장명숙 지음, 김영사

내 인생도 찬란히 빛날 수 있다는 생각

이 책은 우리나라 최초의 밀라노 패션 유학생 밀라논나 장명숙의 이야기입니다. 장명숙은 포용력을 지니고 창의적 영감을 주며, 성장을 권유하는 우리가 닮고 싶은 좋은 사람입니다. 70대 인생 동안 경쾌한 인생을 살면서 어떻게 인생을 살아야 하냐는 후배들의 물음에 답하며 위안과 희망의 메시지를 줍니다.

어린 시절 외모로 힘들었던 자신의 이야기를 통해 극복할 수 있는 용기를 전하고, 일하면서 육아를 해야 했던 어려움과 도전은 엄마들에게 용기를 줍니다. 일평생 살아온 일상의 이야기를 마주하면서 작자가 "참 열심히 살았구나"라는 생각이 듭니다. 살아 있는 한, 움직이는 한, 누구나 현역이고 자기 인생의 주인공이라는 말처럼 인생을 귀히 여기는 계기를 줍니다.

"지금 내가 걷는 이 길이 가시밭길이어도, 어느 날 돌이켜보면 꽃길 같겠지."

인생은 가시밭길도 있고 꽃길을 걷기도 합니다. 인생을 따뜻한 시선으로 바라보며 우리에게 전하는 조언이 사람에 관한 진심으로 따뜻하게 다가옵니다. 이 이야기를 통해 내 인생도 찬란히 빛날 수 있음이 고마운 하루입니다.

빛나는 인생을 위한 6가지 조언

1. 하나뿐인 나에게 예의를 갖출 것
2. 24시간을 알뜰히 살아볼 것
3. 조금씩 비울수록 편안해지는 것
4. 이해하고 안아 주는 사람이 되어볼 것
5. 타인의 시선, 평가에 나를 내맡기지 말 것
6. 내 마음부터 따뜻하게 달래주고 품어줄 것

21.
엄마에게 주어진 행운

《행운을 찾아서》

행운과 불운의 양면성에 대하여

살면서 뜻하지 않은 '행운'을 만난 적이 있나요? 매일 운 좋은 날만 주어지는 게 아니지만 하루쯤은 운 좋은 날을 기다리기도 하지요. 우연히 새롭게 발견되거나 우연히 얻게 된 행운을 '세렌디피티(Serendipity)'라고도 합니다. '행운'은 사람마다 다르게 적용됩니다. 어떤 사람에게 행운이 어떤 사람에게는 불운이 될 수도 있습니다. 행운을 기회로 활용하는 것은 우리의 마음에 달렸습니다.

행운 씨와 불행 씨의
같은 여행 다른 결과

《행운을 찾아서》의 느긋한 성격의 행운 씨에 대한 이야기를 볼까요? 행운 씨는 절대 서두르는 법이 없습니다. 여행을 떠날 준비를 미리 해서 천천히 커피를 마시는 여유를 갖습니다. 키우는 고양이도 이웃집에 맡겼으니 마음이 든든하지요. 설상가상 비행기 출발 시간이 늦춰졌지만 전혀 신경 쓰지 않고, 느긋하게 상점에서 모자도 사고 복권도 삽니다.

행운 씨는 손에 비행기 표를 들고서 공항에 도착했습니다.
비행기 출발 시간이 예정보다 무척 늦춰졌지만
전혀 신경 쓰지 않았어요.
덕분에 더 느긋하게 식사도 하고 상점을
기웃거릴 수도 있었으니까요.

행운 씨는 시간이 늦어 기차를 놓치게 되지만 느긋한 마음으로 도시를 구경하고 운 좋게 렌터카를 빌리게 됩니다. 그곳에서 어느 아주머니가 가방이 열려 힘들어하는 모습을 보고 친절하게 도와줍니다. 도착하는 여행지 근처에 사는 아주머니를 마을까지 데려다 주면서 행운 씨의 진짜 여행은 시작됩니다. 행운 씨의 친절한 행동은 새로운 상황을 만들고 즐거운 여행을 알리는 시작이 됩니다. 대가를 바라지 않고 한 자신의 행동이 행운으로 이어지는 기쁨을 느낀다는 건 특별한 경험이지요.

　반대 성격인 불운 씨의 이야기도 나옵니다. 불운 씨도 여행 가기 전에 가방을 두 개를 싸 놓고 잠을 잡니다. 긴장을 해서인지 잠까지 설친 불운 씨는 재빠르게 움직여 공항으로 가려고 했지만, 비행기 표가 없어 렌터카를 빌렸습니다. 온 도시는 교통이 마비되어 버려 피곤한 운전을 해야 했습니다.

> 불운 씨는 잠을 설쳤습니다.
> 침대를 빠져나오기가 무척 힘들었지요.
> 잠에서 깨기 위해 커피가 필요했습니다.
> "이럴 수가! 벌써 열 시가 넘었잖아!"

　행운 씨와 불운 씨는 여행하면서 각자 다른 상황을 경험하며, 자신의 방식대로 일을 처리합니다. 두 사람에게는 어떤 일이 벌어질까요?

온종일 운전을 해서 피곤한 불운 씨는 장애물 경기장의 달리기 선수처럼 달려 와 버스를 탑니다. 도움이 필요한 아주머니 때문에 버스를 놓칠 뻔 했다고 생각합니다. 허겁지겁 버스에 타 자신만의 공간에서 편안히 쉬다가 불운 씨는 설상가상으로 내려야 할 정류장을 지나치고 맙니다. 급히 서둘러 내리다가 가방 한 개도 잃어버립니다. 불운 씨는 화가 나서 고래고래 소리를 지릅니다.

늦게 도착한 곳에는 불운 씨가 묵을 숙소조차 없었습니다. 온종일 헤매고 도착했는데 쉴 곳이 없어 실망했지만, 불운 씨는 자신이 어떻게 해야 하는지를 잘 알았습니다. 포기하지 않고 상황을 극복하기 위해 노력했습니다. 쏟아지는 폭우를 맞고 진흙투성이가 된 길에서 작은 대피소를 찾아 간신히 몸을 피했습니다. 계속 생각하지 못한 일이 생기다 보니

《행운을 찾아서》© 세르히오 라이클라 글, 아나 G. 라르티테기 그림, 남진희 옮김, 살림출판사

하루가 너무 길다고 생각했습니다.

똑같이 아침을 맞이한 두 사람에게 어떤 일이 벌어질까요? 다른 사람을 돕기 위해 행운 씨는 휴가 계획을 수정했습니다. 뱃사공인 아들과 함께 사는 아주머니의 저녁에 초대된 행운 씨는 뜻밖에 제안을 받습니다. 아들의 요트로 여행을 한다는 거지요. 그리고 친구인 호텔 지배인을 소개해 주기로 합니다. 손님을 위한 푹신한 침대에서 행운 씨는 편안한 잠을 잡니다. 불운 씨가 맞은 하루와는 완전히 다른 하루를 보냅니다.

불운 씨는 비바람 속에서 잠깐 눈을 붙일 정도의 상황이었지만, 행운 씨는 안락한 잠을 잡니다. 행운 씨는 한 번의 친절로 예정에 없던 즐거운 요트 여행을 하게 됩니다. 뜻밖의 시간으로 파란 하늘과 하얗게 부서지는 파도, 바람 가득 안은 돛, 돌고래들과 인사를 합니다.

행운 씨는 여객선보다 먼저 여행 목적지인 세레레섬에 도착해서 호텔로 향합니다. 우연히 만난 친절이 우정의 시작이었지요. 뱃사공의 친구인 호텔 지배인은 식사에 초대하고 호텔 지배인의 친절한 딸은 행운 씨를 위해 섬을 구경시켜 줍니다. 행운 씨는 기쁜 마음으로 우연한 만남을 여유롭게 즐기며 가치 있는 삶으로 만듭니다.

행운의 모습은 동전과 같다

《행운을 찾아서》는 책의 앞과 뒤의 시작이 다른 독특한 구성을 가졌습니다. 행운 씨의 여행을 반대로 뒤집어 보면 불운 씨의 여행이 펼쳐집니다. 행운 씨는 보기만 해도 인생을 즐겁게 사는 사람처럼 보이고 여유가 있습니다. 불운 씨의 모습은 무서울 정도로 얼굴이 굳어 있고 화가 난 사람처럼 보입니다.

두 주인공은 같은 아파트에 살고 똑같은 목적지로 여행하기로 합니다. 행운 씨는 휴가를 즐길 목적으로, 불운 씨는 직장을 잃고 기분 전환이 필요한 여행이었습니다. 이유는 달랐지만 자신을 위한 여행을 하게 되면서 벌어지는 이야기입니다.

어느 쪽에서든 시작할 수 있는 표지는 행운을 찾아 떠나는 성향이 다른 두 사람의 이야기를 통해 삶의 의미가 무엇인지 생각하게 합니다. 행운을 믿지 않는 사람의 여행과 행운을 믿는 사람의 여행의 과정과 결말을 대조되도록 보여 줍니다. 그러나 결말은 어디에 가치를 두는지에 따라 어느 쪽도 불행하지 않습니다. 행운 또는 행복에 대해 생각해 보게 만드는 아주 독특한 책입니다.

두 사람을 관통하는 '행운'에 대해 이야기를 좀 더 해 볼까요? 우리는 살면서 한번쯤 행운을 맛본 날이 있을 겁니다. 도저히 안 될 것 같은 일도 뜻밖에 사람을 만나 일이 해결되기도 하고, 기분 좋게 마무리되기도 하지요. 더러는 마음먹은 대로 잘 안 되고 계속 일이 꼬이기도 하고 예기치 않은 일에 관한 결과에 대해 힘이 든 적도 있겠지요. 대개 힘이 더 드는 경우는 마음의 문제일 때가 많습니다. '괜찮아'라고 생각하는 순간에는 감정의 상처나 고민거리도 쉽게 해결되기도 합니다. 그래서 마음의 훈련이 필요하지요.

　화를 내는 나의 모습, 슬픈 모습, 짜증내는 모습, 우울한 모습과 마주할 줄 아는 용기가 필요합니다. 마음을 회복할 수 있는 자신만의 시간이 필요합니다. 자신의 하루의 행운을 만들기 위해 좋은 음악을 감상할 수도 있고, 특별히 보고 싶었던 영화도 괜찮습니다.

　여행도 좋습니다. 아이들과의 여행, 친구와의 여행, 가족과의 여행…. 여행은 생각만 해도 즐거운 일입니다. 여행 자체만으로 기운이 솟고 기대감이 생기지요. 차를 타고 나가면 탁 트인 자연을 만날 수 있고, 풀리지 않았던 문제들이 쉽게 해결되는 경험을 하게 됩니다. 한 곳에 앉아서 생각을 하면 지혜가 생기지 않는데 신기하게도 자연을 접하거나 공간이 열리는 순간, 사고의 확장이 되고 상상력이 생길 때가 많습니다. 열린 마음으로 기대하며 떠난 여행에서는 뜻밖에 행운을 만날 수 있는 것이지요.

　좋아하는 찻집에서 조용히 책을 읽어도 좋습니다. 키우는 반려동물과 산책을 해도 '힐링'이 된다는 사람도 많습니다. 세상의 창을 열고 닫는 것은 나의 마음에 있습니다. 문제 해결의 열쇠는 바로 '나'입니다.

오늘의
그림책 인문학

행운

- 나에게 행운의 하루는 언제였나요?
- 나에게 불운의 하루는 언제였나요?
- 나에게 행복은 어떤 것인가요?
- 앞으로 어떤 삶을 살고 싶은가요?
- 문제가 생겼을 때 어떤 행동을 하면 마음이 회복되나요?

대부분의 엄마들은 첫 아이를 만났을 때를 행운이라고 말합니다. 행운처럼 온 아이와 함께 평범한 순간도 특별한 순간으로 바꾸는 행복을 누리고 싶지요.

좋은 부모로 아이에게 행운을 주려면 먼저 아이를 이해하려는 태도를 지녀야 합니다. 소통 속에서 행복이 일고, 그로 인해 내 엄마를 만나 행운이라고 아이는 고백할 테니까요.

매 순간 엄마로서 최선을 다한 삶을 살아도 부모와 아이가 평온한 행운은 아무나 가질 수 없습니다. 이 책을 읽고 일상의 행운을 만들어가는 법을 발견하길 바랍니다.

• **더 읽으면 좋은 책**

《두 번째 산》

고통의 시기를 겪으며 인생의 태도를 다시 정립한다.
고통 속에서 성장한 이들은 자신의 동기 부여를
자기중심적인 것에서 타인 중심적인 것으로 바꾸었다.

―

데이비드 브룩스 지음, 이경식 옮김, 부키

인생은 두 개의 산을 오르는 일

인생은 두 개의 산을 오르는 것과 같습니다. 첫 번째 산에서는 자아의 욕구를 채우고 두 번째의 산에서는 자기 욕구의 수준을 높이고 진정 바라는 가치를 시작하는 삶입니다. 인생에서 두 개의 산을 오르는 경험을 한다면 우리는 늘 경험을 하고 깨우치면서 세상을 살아가게 됩니다.

사람은 어떤 시각으로 세상을 바라보느냐에 따라 자기 발견과 성장의 계기를 만나고, 역경의 순간에 대응하는 방식에 따라 제각기 다른 인생을 살아갑니다. 그러나 삶의 고통을 딛고 다시 시작하는 법을 배우려면 인생을 대하는 태도가 달라져야 합니다. '나'가 우선인 첫 번째 산에서 '우리'가 중심인 두 번째 산에서 '함께 살기'의 가치를 높여야 합니다. 인생의 가치를 높이고 삶의 단계를 하나씩 성취해가는 것, 그것이 고차원적인 인생입니다. 나 자신이 타인에 대해 어떻게 반응하는지, 긍정적인 반응을 하며 선한 영향력을 끼치는 마음으로 살아야 합니다. 세상일에 걸려 넘어질 때도 있고, 상심의 힘든 시간도 있지만, 내 삶의 기쁨과 목적을 분명히 알고 진정한 인생의 고민을 한다면 가치 있는 길을 걷는 거지요.

고차원적 삶, 두 번째 산을 오르는 방법

1. 인생은 단지 경험의 연속이 아니다.
2. 경쟁은 영혼의 나태함을 부추긴다.
3. 고통은 때로 지혜로 나아가는 관문이다.
4. 새로운 인생은 행복한 추락 뒤에 온다.
5. 선한 영향력을 끼치는 건 깊은 헌신에서 나온다.
6. 천직을 찾아 통달의 경지로 나아가라.
7. 결혼은 함께 만들어 가는 학교이다.
8. 최고의 교육은 최상의 욕구를 가르친다.
9. 겸손함과 중간의 목소리로 살아가라.

나오며

엄마부터 아이까지 일상이 풍요로워지는 시간

그림책에 대한 시각이 바뀌게 된 계기는 언어지도 과목을 강의하면서부터였습니다. 강의 자료에 존 버닝햄의 《야, 우리 기차에서 내려》, 몰리 뱅의 《소피가 화나면 정말 정말 화나면》이라는 그림책을 사용했는데, 반복해서 강의할 때마다 느낌이 달랐지요. 단순한 그림책이라 생각했는데, 읽을 때 마다 인물이나, 사물, 색깔과 글의 의미가 다르게 전달되었어요. 그런데 수업을 듣는 사람들은 그림책 속에 있는 이미지를 잘 생각해 내지 못하고, 그림책이 전달하려는 의미도 모른 채 받아들이고 있었습니다. 단지 어린이를 위한 책이라고 생각했겠지요.

저 역시 유아 교사 시절에 아이들에게 그림책을 읽어 줄 때, 오로지 아이만을 위한 책이라 생각하고 읽었지요. 육아를 할 때도 마찬가지로 그림책은 아이를 위한 책으로만 여겼어요.

  동화구연가로서 일할 때는 동화를 통해 다양한 표현 기법을 알려 주는 데만 주력했어요. 오랜 시간 그림책과 관련된 일을 하고 있었지만 그림책에 대한 깊이 있는 성찰은 뒤늦게 시작되었지요.

  그림책 놀이지도사를 본격적으로 공부하면서 그림책에 대한 전반적인 이해가 시작되었습니다. 그때부터 그림책은 늘 내 마음속에 뿌리 내린 나무처럼 커져만 갔지요. 영유아 프로젝트 연구원으로 지내면서는 그림책을 접목한 교육을 하면 좋겠다는 생각을 했어요.

  그러다 팬데믹이 깊어지면서 평소 꿈꾸어 왔던 그림책과 프로젝트와의 접목을 위해 나래PBL교육연구소를 냈지요. 위기를 나만의 방식으로 극복하려는 의지였지요. 역시, 그림책이 주요한 역할을 했어요. 그림을 좋아하는 사람들과 모여 그림책 연구회를 만들었고, 그림책을 보면서 그림을 매일 그리는 일을 시작했지요. 그렇게 그림책의 깊이 있는 가치와 의미를 사람들과 나누며 살게 되었지요.

아이의 성장을
함께하는 길목에 서서

  아이와의 진실한 교감은 어른이 아이를 바르게 바라볼 수 있을 때 이루어집니다. 그림책은 사람의 마음을 순화시키기 때문에 사람의 마음결을 따뜻하게 만들지요. 나와 세상을 바라보는 시선이 유연해지고, 그 시선으로 새로운 관찰과 발견은 내면을 더 성숙시켜 줍니다. 그림책은 그 모든 걸 할 수 있도록 도와줍니다. 어른들뿐 아니라 그림책을 읽는 세상의 수많은 아이들이 꿈을 가지고 살아갈 수 있길 빌어 봅니다. 부디, 이 책으로 세상과 소통하는 마음의 창을 열게 해 주는 그림책의 매력에 풍덩 빠지길 바랍니다.

육아, 관계, 나다움에 대한 21가지 깨달음
엄마를 위한 그림책 인문학

© 남궁기순 2022

인쇄일 2022년 6월 10일
발행일 2022년 6월 22일

지은이 남궁기순
펴낸이 유경민 노종한
책임편집 박지혜
기획편집 유노라이프 박지혜 장보연 **유노북스** 이현정 임지연 류다경
기획마케팅 1팀 우현권 **2팀** 정세림 금슬기 유현재
디자인 남다희 홍진기
기획관리 차은영
펴낸곳 유노콘텐츠그룹 주식회사
법인등록번호 110111-8138128
주소 서울시 마포구 월드컵로20길 5, 4층
전화 02-323-7763 **팩스** 02-323-7764 **이메일** info@uknowbooks.com

ISBN 979-11-91104-40-0(03800)

- — 책값은 책 뒤표지에 있습니다.
- — 잘못된 책은 구입한 곳에서 환불 또는 교환하실 수 있습니다.
- — 유노라이프는 유노콘텐츠그룹 주식회사의 자녀교육, 실용 도서를 출판하는 브랜드입니다.